어린이 크리에이터를 위한 저작권 가이드

* 본 도서는 『나도 저작권이 있어요!』의 개정판입니다.

상수리 출판사 🐿 샹수리

상수리나무는 가뭄이 들수록 더 깊게 뿌리를 내리고
당당하게 서서 더 많은 열매를 맺습니다.
상수리나무는 참나뭇과에 속하고, 꿀밤나무라 불리기도 합니다.
성경에 아브라함이 세 명의 천사를 만나는 곳도 상수리나무 앞이지요.
이런 상수리나무의 강인한 생명력과 특별한 능력을 귀히 여겨
출판사 이름을 '상수리'라고 했습니다.
우리 어린이들에게 상수리나무의 기상과 생명력을 심어 주는
좋은 책을 계속 만들어 가겠습니다.

어린이 크리에이터를 위한 저작권 가이드

김기태 글 | 이홍기 그림

샘수리

추천의 글

유튜브 채널 다니유치원을 운영하고 있는 크리에이터 다니입니다.

지난 9년간 키즈 채널을 운영하면서 저는 창작의 기쁨과 책임을 동시에 배웠어요. 우선 어린이를 대상으로 하는 크리에이터로서 제가 만드는 모든 콘텐츠는 교육적 가치를 담고 있으며, 이는 보호받아야 할 소중한 창작물이라는 것을 알았어요. 스토리, 영상, 연기, 목소리까지 제가 새롭게 만든 콘텐츠들은 다른 사람이 함부로 사용할 수 없도록 보호를 받고 그 가치를 얻는다는 것을 말이지요. 동시에 음원, 영상, 이미지, 자막, 효과 등 다른 사람이 만든 창작물을 사용할 때도 저작권을 지키는 것이 중요하다는 것을 알게 되었어요.

우리 어린이 친구들도 자신의 그림이나 글, 영상 등을 만들 때 그것이 얼마나 가치 있는 것인지 알았으면 좋겠어요. 그리고 나의 창작물을 소중히 지키는 한편, 다른 사람의 창작물을 함부로 가져다 쓰거나 베끼지 않는 것이 크리에이터의 기본자세랍니다. 모든 콘텐츠에는 창작자의 시간과 노력, 그리고 아이디어가 담겨 있기 때문이지요. 어린이 친구들이 이 책을 통해 저작권의 의미를 잘 이해하고 서로의 창작물을 존중하면서 건강한 창작 문화를 만들어 가길 바라요!

크리에이터 **다니**

안녕하세요! 유튜브 채널 라임튜브를 운영하고 있는 라임파파예요.

10년 넘게 유튜브를 하는 동안 저작권을 잘 몰라서 생긴 문제들을 많이 봤어요. 예를 들면 「겨울왕국」의 엘사 같은 유명 캐릭터를 이용해 '엘사가 아기를 가졌다'는 이상한 이야기로 꾸며 영상을 올린 채널도 있었어요. 이렇게 하면 '엘사'라는 캐릭터 본래의 이미지를 처음 창작자의 의도와 다르게 망칠 수 있겠지요? 뿐만 아니라 다른 창작자의 콘텐츠를 무분별하게 사용해서 만든 콘텐츠는 저작권 및 커뮤니티 가이드라인 위반으로 제재를 받을 수 있어요. 저도 우리 라임튜브 콘텐츠를 다른 사람이 무단으로 사용하는 경우를 여러 번 겪어서 저작권의 중요성을 누구보다 잘 알고 있답니다.

이 책은 어린이들이 미래에 멋진 크리에이터가 되었을 때 꼭 알아야 할 저작권 이야기를 쉽고 재미있게 알려 주고 있어요. 이 책을 통해 창작의 기쁨과 책임을 함께 배워 나가길 바라며, 어린이 친구들의 꿈을 진심으로 응원합니다!

크리에이터 **라임파파**

차례

1장

저작권이
뭐예요?

세상을 변화시키는 지식과 정보의 가치

세상은 수많은 지식과 정보를 바탕으로 발전해요. 지식과 정보는 새로운 생각으로부터 나온 결과지요.

먼 옛날, 인류는 운반에 대한 새로운 생각으로 바퀴를 발명하게 되었어요. 덕분에 빠르고 편리하게 멀리까지 이동할 수 있게 되었지요. 생각에 생각이 더해져 나중에는 증기 기관이 발명되고 기차도 만들어졌어요. 이로써 산업이 크게 발전했답니다.

산업뿐 아니라 문화, 예술, 우리 사회의 각 영역에서 새로운 생각은 세상을 변화시켜요. 그래서 **창작의 가치**는 언제나 높이 평가된답니다.

새로운 것을 만드는 사람, 저작자

우리는 일상 속에서 책을 사서 읽기도 하고, 노래를 다운 받아 듣기도 해요. 영화나 연극을 보러 가기도 하고, 스마트폰에서 필요한 애플리케이션을 다운 받기도 하지요. 웹툰이나 인터넷 게임을 즐기기도 하고요. 이렇게 우리가 생활 속에서 보고 듣고 즐기는 여러 가지 것들은 모두 누군가가 만들어 낸 것이에요. 책을 쓴 작가, 그림을 그린 화가, 음악을 만든 작곡가, 사진을 찍은 사진사, 컴퓨터 프로그램을 만든 프로그래머 등 각 분야에서 무엇인가 새로운 것을 만든 사람을 **'저작자'**라고 해요.

저작자는 권리를 가져요

책이나 음악, 영화 같은 것을 만들기 위해서는 시간도 오래 걸리고 노력과 비용도 들어가요. 우리가 시를 한 편 짓거나 그림을 한 장 그리는 데에도 많은 고민을 하고 노력을 해야 하지요? 그 노력을 인정하고, 그 결과물을 보호해 주기 위해 저작자에게 권리를 준답니다. 바로 그 권리를 **'저작권'**이라고 해요. 그리고 저작자의 권리를 지켜 주는 법을 **저작권법**이라고 해요.

 창작물의 권리를 보호해요

문학, 음반, 방송, 공연, 발명 등 지식 활동으로 만든 창작물의 권리를 보호해 주는 것을 **지식재산권**이라고 불러요. 앞에서 말한 저작권도 지식재산권에 포함되지요. 지식재산권은 특성에 따라 저작권과 산업재산권, 두 가지로 나뉘어요. **저작권**은 글이나 강연, 영화, 연극, 무용 등과 같은 문화 예술 창작물에 주어져요. **산업재산권**은 보통 회사나 공장에서 생산되는, 즉 산업 분야에서 나온 창작물에 주어져요. 산업 발전을 목적으로 하지요.

저작권은 다시 저작인격권과 저작재산권으로 나눌 수 있어요. 산업재산권은 특허권, 실용신안권, 상표권, 디자인권으로 나뉘어요. 말이 조금 어렵지요? 이 모든 것들이 법으로 보호하는 지식재산권이랍니다.

우리 모두 지식재산권!

문화 예술 창작물
(문학, 음악, 영화, 연극, 무용, 강연)

↓

저작권

저작인격권　저작재산권

산업 분야 창작물
(볼펜, 가시철조망, 상표 등)

↓

산업재산권

특허권　실용신안권　상표권　디자인권

저작자는 어떤 권리가 있을까요?

문화 예술과 관련된 저작물들은 지식재산권 중에서 저작권으로 보호해 준다는 것, 잘 알았지요? 다시 말해서 동화책, 동요, 대중가요, 영화, 인터넷 소설, 사진, 그림, 게임 등과 같은 저작물을 창조한 사람들에게 주는 권리를 저작권이라고 해요. 법으로 보호하고 인정하는 권리지요.

복제할 수 있는 권리가 생겨요

저작권은 영어로 '카피라이트(Copyright)'라고 해요. 복제(Copy)할 수 있는 권리(Right)라는 말이에요. 즉 저작권을 가지고 있는 저작자는 저작물을 복제하거나 복제를 허락할 수 있는 권리가 있다는 뜻이지요. 저작자가 아닌 다른 사람은 저작물 복제를 마음대로 허락할 수 없어요. 저작물은 창작 후 따로 어떠한 절차를 거치지 않아도 바로 이러한 권리가 생긴답니다.

🔍 저작물이란?

사람의 생각, 사상 또는 감정을 표현해 새로이 만든 것들을 통틀어 저작물이라고 불러요. 저작권은 생각한 것을 남다르게 표현한 저작물에 주는 권리이므로 그 저작물을 만든 사람인 저작자에게 저작권이 주어져요.

창작한 사람에 대한 격려와 존경의 표시

창작을 하는 사람은 다른 사람들에게 감동을 주는 책이나 음악, 영화 등을 만들기 위해 오랜 시간 고민하고 노력해요. 저작물은 저작자의 노력의 결정체인 것이지요. 그런데 다른 사람의 저작물을 베껴도 된다면 굳이 힘든 과정을 거쳐 창작할 필요가 없을 거예요. 이 때문에 열심히 창작한 사람들을 격려하고 존경하는 마음에서 저작권을 보호하는 것이랍니다.

남의 것을 베끼는 것은 도둑질과 같아요

저작권을 법으로 보호하지 않으면 누구든지 남의 것을 베끼게 될 수 있어요. 하지만 다른 사람이 열심히 만든 저작물을 몰래 쓰는 것은 남의 물건을 훔치는 도둑질과 다름없어요. 이것을 막기 위해 저작권이 생긴 것이지요.

산업재산권은 등록해야 해요

지식재산권 중 특허권, 실용신안권, 상표권, 디자인권과 같은 산업재산권은 개인의 권리 보호뿐만 아니라 산업 발전을 목적으로 하고 있어서 특허청에 특허를 등록해야만 권리가 생긴답니다.

저작료를 받아요

저작권을 가진 사람이 자신의 저작물을 다른 사람이 사용하도록 허락하거나 책으로 펴내는 등 복제를 허락하면 그 대가를 받아요. 즉 저작물은 저작자에게 경제적 이익을 주지요. 저작권은 저작자의 재산이 되는 것이에요.

이 때문에 저작권은 저작자들의 창작 의욕을 북돋워 줄 수 있어요. 예를 들어 어떤 동화책이 큰 인기를 끌어 애니메이션으로 제작되면, 동화책의 작가는 애니메이션 제작자로부터 저작권 사용료(로열티)를 받을 수 있어요. 그리고 그 저작료로 또 다른 좋은 작품을 많이 창작할 수 있지요.

국가의 입장에서는 세계에 널리 알릴 저작물이 있으면 나라의 자랑이 돼요. 그 저작물로 큰 이익을 얻을 수도 있지요. 한강 작가님이 노벨 문학상(2024년)을 받음으로써 세계 여러 나라 사람들이 관심을 갖고 우리나라 책을 사는 것처럼 말이에요.

저작인접권도 보호해요

저작권법은 직접 작품을 창작한 사람의 권리뿐만 아니라 그 작품을 이용하고 널리 알리는 데 큰 힘을 보탠 사람들의 권리도 보호해요. 이러한 권리를 **저작인접권**이라고 하지요. 무대에서 공연을 한 사람, 음반을 제작한 사람, 방송 사업자 등이 여기에 해당돼요. 이러한 사람들의 노력도 인정하고 보호한다는 뜻이에요. 그래서 저작인접권자들도 저작권자처럼 음반이 팔리거나 노래를 부르고 방송을 할 때 일정한 대가를 받아요. 저작권자가 받는 대가는 보통 저작권 사용료나 로열티라고 하고, 저작인접권자가 받는 대가는 출연료, 저작인접권 사용료 등으로 불려요.

저작인접권이란?

'인접'이라는 말은 근처에 있다는 뜻이에요. 즉 저작인접권은 저작권 근처에 있는 권리라는 뜻이겠지요? 음악을 예로 들어 볼까요? 작사나 작곡을 한 저작자에게는 저작권이 있어요. 가수나 연주자들은 음악을 직접 만들지는 않았어도 악보에 있는 음악을 노래하고 연주해서 그 음악의 아름다움을 사람들이 느낄 수 있도록 해 주지요. 그 음악저작물을 사람들에게 널리 알리는 데 큰 힘이 된 사람들이에요. 이들에게는 저작인접권이 있어요.
이외에 또 어떤 것들이 저작인접권으로 인정될까요?

분류	종류	복제물 형태
실연	가창, 연주, 반주, 연기, 음성 연기(더빙, 해설 등), 무용, 지휘 등	디지털 파일, CD, DVD, Tape, 비디오테이프 등
음반	대중음악 음반, 클래식 음반, 국악 음반, 동화 구연 음반, 어학 교재 등	디지털 파일, CD, DVD, Tape 등
방송	라디오 방송물, TV 방송물 등	디지털 파일, CD, DVD, Tape, 비디오테이프 등

＊실연: 무대에서 실제로 공연하는 것.

창작은 지식재산권을 만들어요

우리가 무엇인가를 새롭게 만들고 생각해 내면 그 창작물에 지식재산권이 생겨요. 이러한 창작물들이 처음부터 대단한 것은 아니에요. 이미 잘 알려진 것을 남들과 다르게 생각하는 창의력, 주변에 대한 호기심, 불편한 것을 없애려는 작은 생각에서부터 시작된 것이지요. 특별한 사람만이 지식재산권을 갖는 것이 아니에요.

어린이 여러분을 포함한 세상 모든 사람이 자기만의 생각으로 지식재산권을 가질 수 있는 기회가 있답니다.

내 저작권을 보호받으려면?

저작물을 창작하면 자동적으로 저작자에게 저작권이 생긴다고 했지요? 그런데 만일 저작권을 침해당하는 일이 생겼을 때, 그 저작물을 창작한 사람이 바로 자기임을 입증하려면 어떻게 해야 할까요? 저작권 등록 제도가 있기는 하지만 등록은 저작권 발생 요건이 아니에요.

그래도 저작권을 입증하는 것이 크게 어렵지는 않아요. 어떤 방식으로든 자기가 저작물을 창작했다는 사실만 입증하면 되니까요. 친구에게 메일을 보냈다거나 인터넷을 통해 어딘가에 올린 것만으로도 입증할 수 있답니다.

미래의 크리에이터

우리 모두는 크리에이터가 될 수 있어요. 사소한 일도 다르게, 낯설게, 새롭게 생각하면서 조금씩 창작하는 힘을 길러 보세요. 미래에 사람들에게 감동을 주는 문학 작품도 쓸 수 있고, 아름다운 음악이나 영화도 만들 수 있을 거예요!

저작권 보호 vs 저작권 반대

저작권을 보호해야 한다고 법으로 정해 놓았지만 저작권 보호에 반대하는 사람도 있어요. 저작권을 보호하지 않으면 사람들이 보다 적은 시간과 노력, 비용으로 창작물을 모방해 더욱 새로운 것을 만들 수 있다는 의견이지요. 다른 사람의 창작물을 허락 없이 이용하더라도 당장 저작자에게 손해를 끼치는 것은 아니라는 의견이에요.

반면 저작자가 오랜 시간 노력해서 창작한 저작물을 누구든지 마음대로 이용하면 저작자는 더 이상 힘든 창작을 하지 않아 곧 인류 문화가 퇴보할 것이라는 의견도 있어요. 이 때문에 저작권은 반드시 보호해야 한다는 뜻이지요.

어떤 의견이 더 옳은지 우리 함께 생각해 보아요!

저작자가 누구인지 표시해요

교과서에 나오는 시나 소설을 보면 지은 사람이 누구인지 나와 있어요. 동요도 작사가가 누구인지, 작곡가가 누구인지 나와 있지요. 영화 포스터에도 감독이 누구이고 시나리오는 누가 썼는지 하나하나 쓰여 있답니다. 인터넷 소설도 누가 썼는지, 그림도 어느 화가가 그렸는지 자기만의 표시를 해요. 이 모든 것들이 바로 저작권 표시예요.

인터넷에 올린 자료에도 저작권이 있어요

책이나 영화 외에 인터넷에 올라와 있는 글이나 그림, 사진에도 저작권이 있어요. 인터넷을 검색하다 보면 비슷한 글이나 그림이 많지만, 그 글이나 그림들을 처음 쓰고 그린 사람이 있어요. 그 사람이 바로 저작자지요. 인터넷에서는 글을 쉽게 복사해서 다른 곳에 옮길 수 있기 때문에 글을 복사해 와서 자기 이름으로 올리는 사람도 있어요. 그런데 이렇게 함부로 다른 사람의 글을 복사해서 사용하거나 자기 것처럼 표시하는 것은 저작권을 침해하는 행위예요. 만약 저작권 다툼이 일어나면 글을 가장 먼저 올린 사람이 누구인지, 글을 올린 시간이 언제인지 따진답니다. 인터넷에는 글을 올린 시각과 올린 사람이 분명하게 표시되니까요. 차근차근 살펴보면 글을 가장 먼저 올린 저작자가 누구인지 분명히 드러나겠지요?

는 이 그림을 그린 사람이 이홍기 만화가라는 것을 알리는 표시예요.

저작권은 어떻게 표시하나요?

책이나 음반을 보면 ⓒ 혹은 ⓟ 표시가 있는 것을 볼 수 있어요. 여기서 ⓒ는 'Copyright(저작권)'를, ⓟ는 'Phonogram(음반)'을 뜻하는 말이에요.

사실 저작권은 저작물을 창작하는 순간 바로 생기기 때문에, ⓒ나 ⓟ 표시가 없더라도 저작권법으로 보호받아요. 그래서 저작물에 특정한 표시가 없다고 해도 저작물을 함부로 사용하면 안 된답니다.

25

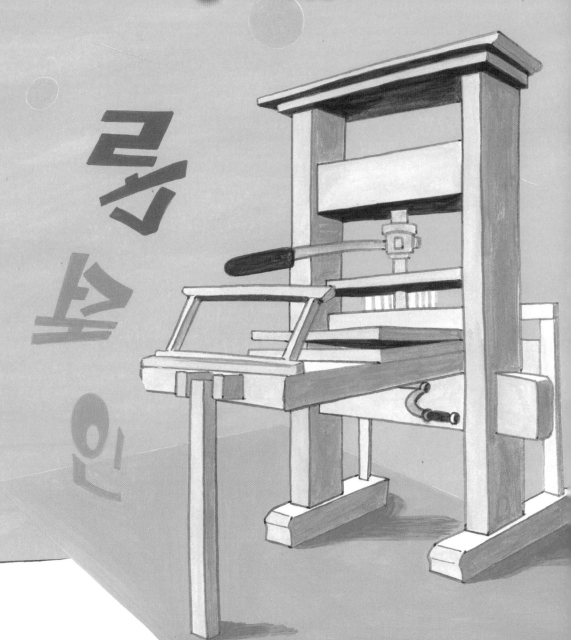

2장

저작권은
왜 생겨났어요?

저작권이 없던 시대

예술 작품이나 논문, 책처럼 사람들이 새롭게 창작한 것들을 지키는 저작권. 저작권은 언제 처음 생겼을까요? 저작권은 누가 만들었으며, 왜 저작권을 만들려고 했을까요? 저작권의 역사에 대해 차근차근 알아보아요.

저작권 생각할 겨를이 없어!

문자가 없었던 시대나 사람들이 먹고살기 위해 사냥을 하고 농사를 지을 때는 책을 읽을 틈이 없었어요. 저작권이란 것에 대해서는 더더욱 생각할 겨를도 없었지요. 문학이나 학문이 발달했던 그리스·로마 시대에도 저작권을 분명히 할 생각은 아직 없었어요. 책을 쓴 사람이 누구인지는 책 표지에 엄연히 밝혀져 있고, 책을 많이 사고파는 일도 없었으니까요.

선사시대

우리는 먹고살기 바빠서 저작권이 뭔지 몰라!

나는 인간 복사기

그리스·로마시대

중세시대

일일이 손으로 베끼다

중세 시대에도 저작권에 대한 개념은 없었어요.
예술가들은 대부분 자신을 돌보아 주는 후원자
에게 자기 작품을 바쳤어요. 재산이 많은 후원자
는 예술가를 자기 집에 살게 하고 먹을 것과 입을
것을 주어 예술 활동을 할 수 있게 해 주었지요.
그래서 후원자는 예술가가 쓴 원고를 마음대로 볼
수 있었고, 사람을 시켜 책을 베낄 수도 있었어
요. 주로 수도원에서 생활하는 성직자들이 책을
베껴 쓰는 일을 했어요. 또 글을 아는 사람도
많지 않아서 꼭 필요한 몇몇 사람만 책을 보
았으니 굳이 저작권을 따질 이유가 없었답
니다.

후원자에게
제 글을
바칩니다.

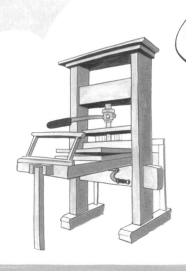

내가 만들어지고 나서
저작권이 생겼다네!

근대시대

인쇄술의 발달로 탄생한 저작권

닭이 알을 낳듯이 인쇄술이 발달하면서 저작권이 생겨났어요. 활판 인쇄기 발명이 저작권을 탄생시킨 첫 계기가 되었지요. 인쇄술 덕분에 똑같은 책을 짧은 시간 안에 많이 찍어 낼 수 있게 되었답니다. 손으로 한두 권 베끼던 시대에서 기계로 많은 양을 복사하는 시대가 된 것이에요. 이뿐 아니라 르네상스 시대가 되어 글을 깨우치고 배우게 된 사람들도 점차 늘어나 책을 읽는 사람들이 많아졌어요. 인쇄술이 발달하고 사람들이 글을 알게 되면서 저작권에 대해서도 생각하기 시작했어요.

인쇄기를 발명한 구텐베르크

가장 처음 인쇄술을 발명한 사람은 독일의 구텐베르크랍니다. 철로 활자를 만들고 그것으로 글자를 찍어 내는 활판 인쇄술이었지요. 1460년 즈음에 구텐베르크는 『구텐베르크 성서』를 인쇄해 출판했어요.

유럽에 출판이 성행하다

똑같은 글을 책으로 찍어 내는 일은 사람들에게 매우 새롭고 놀라운 일이었어요. 이때부터 유럽 곳곳에서 책을 만드는 일이 활발해졌어요. 요즘은 원고를 편집하는 출판사와 편집 원고를 책으로 찍어 내는 인쇄소가 따로 있는 경우가 많아요. 그런데 당시는 인쇄업자가 출판업도 함께 했어요. 출판에 대한 관심이 높아져 인쇄업자도 늘어났지요. 작가들은 인쇄업자와 함께 자신의 작품들을 책으로 펴냈어요. 인쇄 기술이 발명된 독일과 베네치아, 런던, 파리 등 큰 도시에서 주로 출판이 이루어졌어요. 처음 펴낸 책을 초기 간행본(Incunabula, 인큐내뷸러)이라고 불렀답니다.

같은 책을 찍고 또 찍고

인쇄업이 발달해서 사람들이 책을 많이 볼 수 있게 된 일은 바람직했어요. 하지만 그 뒤에 문제가 생기기 시작했어요. 작가가 출판한 책이 다 팔리기도 전에 다른 인쇄업자가 똑같은 책을 또 찍어 내는 일이 생긴 거예요. 다른 인쇄업자들이 자꾸 몰래 책을 인쇄하는 바람에 작가나 처음 출판한 인쇄업자가 손해를 보는 일이 생겼어요. 피해가 심해지자 이를 보다 못한 사람들이 저작권이라는 권리를 만들자고 주장하게 되었어요.

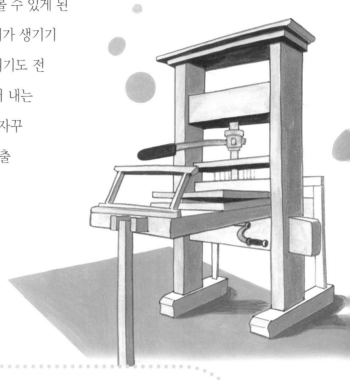

🔍 영국 최초의 인쇄소

1476년에 영국 최초의 인쇄소가 세워졌어요. W. 캑스턴(W. Caxton)이라는 사람이 런던에 있는 웨스트민스터 수도원 안에 인쇄소를 설치했지요. W. 캑스턴은 출판업자의 아버지라고 할 수 있어요. 그때 출판한 책들을 캑스턴판이라고 부른답니다. 책을 수집하는 것이 취미인 사람들은 이 캑스턴판 책들을 아주 소중하게 여긴다고 해요.

🔍 우리나라 최초의 인쇄소

1883년 우리나라 최초의 근대식 인쇄소 '박문국'이 설립되었어요. 박문국은 정부에서 운영했으며, 우리나라 최초의 신문인 『한성순보』와 외국 서적들도 이곳에서 발행되었어요.

최초의 근대 저작권법, 앤 여왕법

1476년 이탈리아의 도시 베네치아에서는 인쇄업자들이 나라에 세금을 내면 각 인쇄소가 다른 인쇄소의 책을 함부로 내지 못하도록 해 주었어요. 하지만 그것은 글을 지은 작가나 처음 책을 낸 인쇄업자의 권리를 보호하기 위해서라기보다는 나라에서 세금을 거둬들이기 위한 것이었지요. 영국에서는 한 인쇄업자만 책을 펴낼 수 있도록 독점권을 주기도 했답니다. 그러다가 1710년 영국에서 최초의 근대적 저작권법으로 알려진 '앤 여왕법(Statute of Anne)'이 만들어지게 되었어요.

앤 여왕법

최초의 근대적 저작권법인 앤 여왕법은 일정 기간 동안 저작권을 보호해 주고 그 기간이 지나면 모두가 함께 사용할 수 있는 법이었어요. 앤 여왕 시대 이전까지 영국에서는 인쇄업자들이 작가에게 저작권료를 한 번 주고 나면 영원히 책을 펴낼 수 있었어요. 책을 쓴 작가라 해도 직접 책을 만들지 못하고 책이 많이 팔려도 저작권료를 더 받을 수 없었지요. 그런데 앤 여왕법이 만들어지면서 작가들이 저작권을 보호받게 되었답니다.

내가 바로
앤 여왕

 지은이의 저작권 보호

앤 여왕법에 따라 작가들은 저작권을 가질 수 있게 되었고, 14년마다 출판권 계약을 다시 할 수 있게 되었어요. 인쇄·출판업자들은 출판한 책을 왕립 도서관 등 9개의 도서관에 기증하고 14년 동안 책을 펴낼 권리를 가졌지요. 그러나 번역이나 각색에 대한 저작권은 이때까지 아직 인정되지 않았답니다.

해적판이 생기다

저작권이 생겼지만 저작권자의 허락 없이 책을 펴내는 일은 여전히 빈번하게 일어났어요. 그렇게 허락 없이 펴낸 책이나 저작물을 해적판이라고 불러요. 우리에게 잘 알려진 작가 알렉상드르 뒤마나 빅토르 위고 같은 작가들도 해적판의 피해를 입었지요. 피해를 입은 작가들은 자기 작품을 지키기 위해 1878년에 국제 문예 협회를 만들었어요. 이 협회에서 1886년에 국제 저작권 협약인 베른 협약도 탄생하게 되었어요.

전부 짝퉁이에요!

가사 노동의 해적

가리봉동의 해적

책 사세요. 책을 사~~

가리비의 해적

💡 **저작권 탄생의 토대를 만든 작가들**

『삼총사』와 『몬테크리스토 백작』을 쓴 프랑스 작가 뒤마와 '장발장'으로 잘 알려진 『레 미제라블』을 쓴 프랑스 작가 위고는 자기 작품을 지키기 위해 적극적으로 나섰어요. 이 작가들의 작품은 많은 사람들에게 인기를 얻어 여러 나라에 번역되기도 하고 표절도 많았답니다. 그래서 이 작가들은 저작권 문제에 더욱 관심이 컸던 것이지요.

세계 여러 나라가 참여한 베른 협약

처음에 저작권은 국내 저작자들의 권리를 지키는 역할만으로도 충분했어요. 하지만 출판 기술, 교통과 통신 기술이 발달하면서 저작물이 다른 나라에 전해지는 것도 점차 쉬워졌어요. 그러자 외국에서 작가의 허락 없이 저작물을 출판하는 일이 종종 생겨났답니다. 국내뿐 아니라 국제적으로도 저작물을 보호해야만 했지요. 이로 인해 1886년에 '문학·예술 저작물의 보호를 위한 베른 협약'이 만들어졌어요.

저작권 보호의 기본 조약, 베른 협약

베른 협약은 저작물이 외국에서 보호받아야 하는 최소의 조건을 밝히고 있어요. 저작권 보호의 기본 조약이지요. 현재 160여 개의 나라들이 가입되어 있고, 우리나라도 1996년에 베른 협약에 가입했어요. 세계 지적 소유권 기구(WIPO)에서 이 협약을 관리하고 있지요. WIPO는 그 외에도 저작인접권과 관련된 로마 협약, 음반 제작자와 관련된 제네바 협약, 산업재산권과 관련된 파리 협약도 관리하고 있어요.

세계 저작권 협약의 체결

1952년에는 유네스코(UNESCO)의 주도 아래, 베른 협약에 가입하지 않은 나라들끼리 모여서 세계 저작권 협약(Universal Copyright Convention, UCC)을 체결했어요. 그러다가 UCC에 가입했던 나라들도 베른 협약에 가입하면서 베른 협약이 국제적인 저작권 기본 조약이 되었답니다.

우리나라의 저작권법은 언제부터?

우리나라는 대한제국 때인 1908년에 한국저작권령을 널리 알려 저작권을 보호했어요. 하지만 한국저작권령은 일본의 저작권법을 그대로 옮겨 온 것이었어요. 이후 1957년에 우리나라의 독자적인 저작권법이 만들어졌어요.

저작권 보호의 폭이 넓어져

시간이 흐르면서 저작권을 보호할 대상이 점차 많아지고 인터넷 같은 정보 통신이 발달하는 등 여러 가지 이유로 저작권법은 무려 18번의 개정을 거쳤어요. 그래서 지금 우리나라의 저작권법은 사진, 그림, 디자인, 영화, 드라마, 게임, 소프트웨어, 만화, 광고, 뮤직비디오, 음악, 가사 등 다양한 저작물의 저작권을 보호하고 있답니다.

💡 세계 책과 저작권의 날

1995년 국제 연합 총회에서 유네스코는 사람들이 책을 더 많이 읽도록 매년 4월 23일을
'세계 책과 저작권의 날'로 정했어요. 우리는 보통 세계 책의 날로 알고 있는데, 본래는 책과
저작권의 날이랍니다. 책을 만드는 데는 저작권을 지닌 사람들이 중요하니까요. 4월 23일
로 정한 이유는 에스파냐 카탈루냐 지방에서 책을 사는 사람에게 꽃을 선물하던 '세인트 조
지' 축일이 그날이기도 하고, 세계적인 작가 셰익스피어와 세르반테스가 사망한 날도 4월
23일이기 때문이에요. 책과 관련이 깊은 날을 세계 책과 저작권의 날로 정한 것이지요.

연극

사진

미술

어문

3장

저작물은 어떤 것이 있어요?

음악

저작물이란?

저작물이란 사람의 생각이나 감정이 새롭게 표현된 창작물을 말해요. 저작물은 여러 가지가 있어요. 시나 소설, 동화 같은 문학 작품, 작곡가가 만든 음악, 화가나 조각가가 만든 미술 작품, 학자들의 논문, 또 강연, 연극, 영화, 무용이나 발레 같은 춤, 건축물, 사진, 지도, 약도나 도형, 각종 응용 미술품, 컴퓨터 프로그램까지도 모두 저작물이 될 수 있지요. 그리고 이러한 저작물들은 저작권으로 보호할 수 있답니다.

인간의 생각이나 감정을 표현한 창작물

창작물이라고 해도 모두 다 저작물로 인정받는 것은 아니에요. 저작물로 인정받으려면 그 창작물을 다른 사람이 확인할 수 있도록 표현해야 하지요. 표현되지 않고 머릿속에만 있는 생각은 저작물로 보호받지 못한답니다. 또 동물이 우연히 한 행동으로 만든 것이나 자연 현상은 저작물이라고 하지 않아요. 최근에는 인공 지능(AI)으로 시나 소설, 웹툰이나 영상물까지 만들 수 있다 보니 이를 둘러싼 저작권 논쟁이 활발하답니다. 인간의 생각이나 감정을 표현한 창작물의 범위가 어디까지인지를 따지는 논쟁이지요.

베끼지 않은 새로운 것

무엇보다 중요한 것은 저작물이라면 남의 것을 베끼지 않고 새로 창작한 것이라야 한다는 것이에요. 유명한 화가의 그림이나 작가의 소설뿐만 아니라 유치원생이 그린 그림이나 일기라도 창작성이 있다면 저작물로 인정받을 수 있어요.

🔍 저작권 탐구

저작권은 얼마나 뛰어난 것을 창작했느냐보다 '남의 것을 베끼지 않았다는 점'을 존중해 주는 것이에요. 일상생활에서 자주 쓰이는 말, 단순한 사실을 짧게 정리한 글, 이름 순으로 정리한 전화번호부 등은 저작권이 인정되지 않아요. 또 동물이 그린 그림도 저작권이 없어요. 저작권은 인간의 사상이나 감정을 표현한 것에만 주어지기 때문이지요.

아래와 같이 자기만의 창의성 있는 답변들도 각각 보호받는 저작물이 될 수 있어요. 만약 이런 저작물을 다른 사람이 활용하려 한다면 이것을 처음 만든 사람(저작자)의 허락을 받아야 하겠지요. 다만 어린이는 미성년자라서 직접 권리를 행사할 수 없으므로 부모님과 상의한 후에 부모님을 통해 권리를 행사해야 해요.

· 샌드위치를 만들 때, 식빵 한 면에 버터를 바르는 이유는 무엇인지 쓰시오.

> 두 면에 바르면 너무 느끼해서

· 다음 도형이 사각형이 아닌 이유를 써 보세요.

> 원래는 사각형인데 찢어져서

· 부모님은 우리를 왜 사랑하실까요?

> 그러게 말입니다.

· '불행한 일이 거듭 겹침'이란 뜻의 사자성어는?

> 설사가또

· 만유인력의 법칙을 발견해 낸 사람은?

> 죽었다.

저작권으로 보호받는 저작물

우리나라 저작권법에서는 저작물을 모두 아홉 가지로 나누고 있어요. 어떤 것들이 저작권으로 보호받는지 알아볼까요?

어문저작물

말이나 글로 된 저작물을 어문저작물이라고 불러요. 시, 동화, 소설, 수필, 평론, 희곡, 시나리오 등이 포함되지요. 시인이나 작가가 책으로 펴내 판매하는 작품들도 저작권으로 보호받는 저작물이고, 인터넷에 올려 놓은 작품들도 저작권이 있어요. 말로 하는 강연이나 연설도 해당돼요. 학술 논문, 암호 문서, 수화도 어문저작물이 될 수 있어요.

음악저작물

음악저작물은 음으로 표현된 저작물을 말해요. 가사가 있는 음악, 악기나 사람의 목소

리만으로 표현된 음악, 가사 등이 모두 음악저작물이에요. 음악저작물은 보통 악보로 표현되지만, 악보로 기록되지 않은 연주나 노래도 음악저작물이 될 수 있어요.

미술저작물

미술저작물은 그림, 서예, 도안, 조각 등은 물론, 실용성을 띠는 공예나 응용 미술 같은 것도 포함해요. 대량으로 만들어지는 실용품에 복제되어 나오는 디자인도 저작물로 인정되면 저작권으로 보호를 받지요.

영상저작물

영상저작물은 대체로 소리가 있는 영상물을 말해요. 가장 흔히 볼 수 있는 영상저작물로는 영화나 드라마가 있지요. 영상저작물의 실질 저작권자는 영상 제작자예요. 감독, 배우 같은 실연자들은 저작인접권자로서 보호받아요.

연극저작물

연극저작물은 무대에서 한 명 이상의 사람이 연기로 표현하는 연극, 무용, 무언극 등을

말해요. 음악에 음표가 그려진 악보가 있듯이 춤에는 춤의 동작을 그림으로 그린 무보가 있어요. 공연을 할 때 희곡이나 무보를 쓴 사람이 연극저작물의 저작자가 되며, 연출자나 안무가, 스태프, 배우, 무용수들은 실연자예요. 즉흥 무용이나 팬터마임같이 무용수나 배우가 직접 구상해서 공연한 것은 그 무용수나 배우가 저작자예요.

사진저작물

사진저작물은 사진으로 표현된 저작물이에요. 그중에서도 독창성이 인정되는 사진이 저작권 보호를 받아요. 창작의 노력을 사진만 보고 판단할 수는 없지만 단순히 사물을 찍은 사진이나 증명사진은 보호받는 사진저작물이라고 하기 어려워요.

건축저작물

건축저작물은 실제 건축물과 건축 모형, 건축 설계도를 통틀어 말해요. 집, 빌딩, 교회, 사찰, 기념비, 탑, 다리, 정원 등 사람이 만든 것 중에서 학술적으로나 예술적으로 독창성이 있다고 인정되는 것만을 건축저작물이라고 하지요. 주변에서 흔히 볼 수 있는 건물이나 다리는 건축저작물이라고 할 수 없어요.

도형저작물

도형저작물은 각종 지도 또는 도표, 설계도, 약도 같은 것이에요. 우리가 사회 공부를

할 때나 여행을 갈 때 들여다보는 지도도 저작자가 있는, 저작권을 보호받는 저작물이
랍니다.

컴퓨터프로그램저작물

컴퓨터 프로그램은 컴퓨터 소프트웨어라고도 해요. 예전에는 컴퓨터 프로그램 보호법
으로 보호받았지만 지금은 저작권법으로 보호받고 있어요. 예를 들면 롤, 오버워치와
같은 게임 프로그램, 한글이나 MS 워드 같은 문서 프로그램, 포토샵, 일러스트, 인디자
인 그리고 각종 서체를 이용할 수 있는 프로그램 등이 저작권이 있어요.

여러 종류에 속하는 저작물들

위의 아홉 가지 종류만 저작물로 보호받는 것은 아니에요. 이 밖에도 새로운 종류의 저작물
이 생기면 저작권을 인정받을 수 있지요. 또 한 종류가 아니라 여러 종류에 속하는 저작물
도 있답니다.

어문저작물인 시가 음악의 가사로 사용되어 노래로 불린다면 어떻게 될까요? 어문저작물
인 시나 시조가 노랫말로 불리면 음악저작물이 될 수 있어요. 또 음악저작물 중에서 가사만
을 모아 책으로 낸다면 이는 어문저작물이 되는 것이지요.

만일 도형저작물인 지도가 만화 기법으로 표현되어 있다면 미술저작물로도 볼 수 있어요.
마찬가지로 설계도 중에서 건축을 위한 설계도나 설계 모형은 도형저작물일 뿐 아니라 건
축저작물이 될 수도 있지요.

이처럼 하나의 작품이 여러 종류의 저작물이 될 수 있답니다. 『마당을 나온 암탉』을 쓴 작가
는 처음 책을 출간했을 때는 어문저작물로 저작권을 보호받았고, 이 동화를 영화로 제작할
때는 영상저작물로 저작권을 보호받아 일정한 대가를 받았어요. 한 작품이 여러 저작물이
되면서 각각의 저작권이 생기는 좋은 예지요.

💡 산업재산권 네 가지

지식재산권은 저작권과 산업재산권, 두 가지로 나뉜다고 했지요? 산업재산권에 대해서도 간단히 알아볼까요? 산업재산권은 보통 회사나 공장에서 만들어지는 산업 분야의 물건을 창작한 사람이 갖게 되는 재산권이에요. 여러분 중에도 반짝이는 아이디어로 이러한 물건을 발명하게 될 친구들이 있을 거예요!

산업재산권은 특허권, 실용신안권, 상표권, 디자인권, 네 가지로 나뉘어요.

· 특허권

특허권은 자연법칙에서 새롭게 찾아내고 발명한 것을 나라에서 보호해 주는 것이에요. 발명한 것을 특허청에 등록하고 공개되면 그 발명에 대한 권리를 최대 20년 동안 가질 수 있어요. 연필, 지우개, 가시철조망 같은 물건들도 모두 처음에 특허를 받은 것들이랍니다.

· 실용신안권

특허권이 새롭게 발명한 것에 대한 권리라면, 실용신안권은 실용적으로 고안한 물건에 대한 권리예요. 기존에 있던 물건을 더욱 편리하게 사용할 수 있도록 모양이나 구조를 기술적으로 새롭게 고안한 것들이 해당되지요. 예를 들면 지우개 달린 연필, 육각형 연필 같은 것들이 있어요. 실용신안권은 등록한 때부터 10년 동안 유지돼요.

· 지우개 달린 연필

지우개 달린 연필은 미국 필라델피아 근처에 살던 하이만이라는 소년이 고안한 것이에요. 그림을 잘 그렸던 하이만은 인물화를 그려서 홀어머니의 어려운 살림을 도왔어요. 그런데 그림을 고칠 때마다 지우개가 어디 있는지 찾는 것이 늘 귀찮고 번거로웠어요. 지우개에 구멍을 내서 이젤에 묶어 놓기도 하고 지우개를 한 손에 쥐고 그림을 그려 보기도 했지요. 그러다가 연필 끝에 작은 양철 조각으로 지우개를 묶어서 사용하니 편리했어요. 그것을 본 친구 윌리엄이 이 아이디어를 특허청에 등록해 상품으로 만들자고 했어요. 친구의 말대로 한 하이만은 리버칩이라는 연필 회사에 그 권한을 팔아 부자가 되었답니다.

· 상표권

상표는 자기 회사 상품을 다른 회사의 동일한 상품과 구별하기 위해 사용하는 특정한 이름이나 기호예요. '브랜드'라고도 하지요. '빼빼로', '코카콜라', '레고', '투싼'같이 상품의 고유한 이름들이 모두 상표예요. 상표권은 그 물건을 만든 회사가 가져요. 특허청에 등록한 날부터 10년 동안 권리가 유지되지만, 10년이 지나면 사용 권한을 다시 신청할 수 있어서 계속 유지할 수 있답니다.

· 디자인권

디자인권은 대량 생산이 가능한 상품의 디자인에 대한 권리예요. 자동차나 음료수 병같이 주변에서 흔히 볼 수 있는 상품들도 종류에 따라 여러 모양, 여러 디자인으로 만들어져요. 디자인한 사람이나 회사는 특허청에 이 물건의 입체도, 단면도 등을 보여 주고, 등록되면 디자인권을 갖게 되지요.

· 삼성과 애플의 디자인권 다툼

디자인권으로 인한 유명한 사건 가운데 하나가 우리나라 기업 삼성과 미국 기업 애플 사이에 일어난 디자인권 법정 소송이에요. 아이폰을 여러 가지 디자인으로 등록해 놓은 애플사는 삼성 갤럭시폰이 아이폰의 겉모양 디자인권을 침해했다고 소송을 제기했어요. 이 사건은 디자인권이 현대 산업 사회에서 얼마나 중요한 것인지 알려 주는 좋은 예라고 할 수 있어요.

저작권과 소유권은 어떻게 다를까요?

저작권과 관련이 있지만 저작권과는 구별되어야 하는 것이 저작물의 소유권이에요. '소유'라는 말은 무엇인가를 가지고 있다는 뜻이에요. 그렇다면 소유권은 물건을 갖고 있는 사람의 권리라는 의미겠지요? 소유권은 저작물을 소유하는 권리로서, 저작권과는 확실히 구별돼요.

책의 저작권과 소유권

여러분이 서점에서 산 동화책을 가지고 저작권과 소유권의 차이를 한번 살펴볼까요? 서점에서 동화책을 살 때 여러분은 책에 대한 소유권을 얻은 것이에요. 하지만 동화에 대한 저작권을 얻은 것은 아니에요. 책을 산 사람에게는 그 책 한 권의 소유권만 있는 것이에요. 그 동화에 담긴 이야기와 그림에 대한 저작권은 그 동화를 쓰고 그린 작가에게 있는 것이지요.

소유권으로 할 수 있는 것

그렇다면 책을 사서 소유권을 가진 구매자는 어떤 권리가 있는 걸까요? 구매자는 소유권자로서 자신이 구입한 동화책에 낙서를 하든지, 밑줄을 긋든지, 찢어 버리든지, 누구에게 주든지 마음대로 할 수 있어요. 그러나 이 동화를 저작자의 동의 없이 영화 각본이나 연극 대본으로 만드는 것은 안 돼요. 그것은 저작자의 권리니까요.

미술 작품의 소유권과 저작권

신나는 주말, 부모님과 함께 미술 작품 전시회를 보러 갔어요. 전시회에 아주 멋진 그림이 있어서 부모님이 사 주셨지요. 그런데 그 그림을 그린 화가가 이렇게 말한다면 어떨까요? "그림을 사셨어도 그림에 대한 저작권은 여전히 저에게 있습니다. 거실에 걸어 놓고 곱게 보기만 하세요. 이 그림은 제가 특별히 애착을 갖고 있어서요." 그림을 샀는데 걸어 놓고 보기만 해야 한다면 왜 비싼 값을 주고 그림을 사는 걸까요?

세이렌 판결

1912년, 독일제국법원의 판결에서 저작권과 소유권이 분명하게 구별되었어요. '저작권과, 저작권이 있는 작품의 소유권과의 관계는 서로 독립적'이라고 밝힌 것이지요. '세이렌 판결'이라고 불리는 이 사건에서 법원은 "저작권은 기본적으로 소유권과 관계없이 행사될 수 있고, 소유권은 저작권과 관계없이 행사된다."라고 했답니다.

바위섬의 세이렌 그림

한 예술가가 '바위섬의 세이렌'이라는 제목의 벽화를 그려 달라는 주문을 받아 베를린의 가정집 벽에 그림을 그렸어요. 바위섬 위에 앉아 있는 세이렌의 모습은 벌거벗은 상태였지요. 그런데 그림을 주문한 집주인은 세이렌이 옷을 벗고 있는 것이 싫었어요. 그래서 그림에 덧칠을 해서 세이렌의 옷을 그려 넣었답니다. 그러자 예술가는 자기의 작품이 훼손되었다고 화를 내며 소송을 제기했어요. 재판 결과는 어땠을까요? 법원은 집주인에게 덧칠을 제거하라고 명령했어요. 저작권과 소유권을 구별하는 판결을 내린 것이지요. 어떤 예술 작품을 사거나 받은 경우에는 그 작품에 대한 소유권을 받은 것이지 저작권을 양도받은 것은 아니기에 그 작품을 함부로 변형시키는 것은 저작권을 침해하는 행위라는 사실을 확인시켜 준 사건이 있었어요.

4장

나에게 저작권이
생긴다면?

 저작자의 권리

저작자는 저작권을 갖게 된다고 했지요? 저작권은 창작이라는 힘든 일을 한 사람에게 주는 보상이라고도 할 수 있어요. 그렇다면 저작권을 가졌을 때 구체적으로 어떤 권리가 생기는 걸까요? 창작에 대한 보상이니까 좋은 점이 많겠지요? 어떤 권리들이 있는지 차근차근 알아볼까요?

저작권자가 갖는 두 가지 권리

저작권자는 저작재산권과 저작인격권, 두 가지 권리를 가져요. **저작재산권**은 다른 사람이 저작자의 작품을 사용할 때 정당하게 사용료를 내야 한다는 것이에요. **저작인격권**은 다른 사람이 저작자의 작품을 사용할 때 저작자의 이름을 분명하게 밝히고 그 작품을 함부로 수정하지 말아야 한다는 것이에요.

다시 말하면 저작재산권은 돈을 받는 저작권료와 관계된 것이고, 저작인격권은 저작자의 명예, 작품의 명예와 관계된 것이지요.

# 저작재산권이란 무엇일까요?

저작재산권은 저작자가 자신이 만든 저작물을 여러 가지 방법으로 활용해 금전적 이익을 얻을 수 있는 권리를 말해요. 저작자가 자신의 작품을 책으로 펴내고, 영화나 연극으로 만들고, 자신이 그린 그림을 전시하고, 인터넷에 올릴 때, 그 대가를 받을 수 있는 권리지요. 다른 사람이 저작자의 창작물을 사용할 때는 저작자의 허락을 받고 대가(돈)를 주어야 해요. 부모님이 직장에서 일을 하고 그 대가로 월급을 받는 것처럼 저작자도 창작의 대가를 받는 것이에요.

다른 사람에게 줄 수도 있다고?

저작자는 자신의 저작재산권을 다른 사람에게 넘겨줄 수 있어요. 그것을 '양도'라고 해요. 또 가족 중의 누군가에게 물려줄 수도 있어요. 이것은 '상속'이라고 해요. 뿐만 아니라 저작재산권을 다른 사람에게 빌려줄 수도 있답니다.

저작권		
	저작재산권	복제권
		공중송신권
		공연권
		전시권
		배포권
		대여권
		2차적저작물작성권
	저작인격권	공표권
		성명표시권
		동일성유지권

저작재산권의 일곱 가지 권리

저작재산권은 저작물이 어떤 것이고 어떻게 사용되는지에 따라 일곱 가지로 나뉘어요. 바로 복제권, 공중송신권, 공연권, 전시권, 배포권, 대여권, 2차적저작물작성권이랍니다.

복제권

복제란 작가가 쓴 작품을 책으로 인쇄하거나 사진으로 인화하는 것, 또는 노래로 녹음하는 것 등을 말해요. 똑같은 책을 수백, 수천 권 인쇄하거나 사진을 똑같이 수만 장 인화하는 것이기에 '복제'라고 하지요.

공중송신권

공중송신이란 글이나 노래, 강연 등을 여러 사람이 듣고 볼 수 있도록 인터넷 같은 유선 통신을 이용해 소개하는 것을 말해요. '방송'과 '전송', '디지털 음성 송신(웹 방송)'을 포함한 말이지요. 디지털 기술이 발달하고 방송과 통신이 합쳐지면서 생긴 권리예요. 음반 제작자, 가수나 연주자, 코러스, 지휘자, 연기자 같은 실연자에게도 공중송신권이 있답니다.

저작권을 가지면?

저작권을 가진 작사가나 작곡가는 공연 등에서 그 노래가 불릴 때마다 일정한 액수의 돈을 받게 된답니다. 많은 사람에게 인기 있는 노래를 만들면 그 노래가 사용될 때마다 계속 저작권료를 받을 수 있지요.

공연권

공연이란 글, 노래, 연주, 연극 등을 무대나 방송, 음반 등으로 많은 사람에게 공개하는 것을 말해요. 연극을 상연하고, 음악을 악기로 표현하고, 사람의 입으로 노래를 부르는 것, 강연이나 연설을 하는 것, 영화를 상영하는 것 등이 모두 공연권에 포함돼요.

전시권

전시란 예술 작품을 여러 사람에게 보일 목적으로, 공개된 장소에 진열하는 것을 말해요. 미술 작품뿐만 아니라 건축물과 사진에도 전시권이 있지요. 그런데 미술저작물의 전시권은 그림을 그린 사람이 갖고 있기보다는 그 그림을 돈을 주고 산 사람이 가지고 있는 경우가 많아요. 미술저작물은 저작권자와 소유권자가 다른 경우가 대부분이에요. 그래서 저작권법에서는 미술저작물의 원작품을 소유한 사람은 그 작품을 갖게 되는 순간 미술저작물을 전시할 수 있다고 규정하고 있어요. 다만 개방된 장소에서 항상 전시하는 경우에는 저작권자의 허락을 받아야만 하지요.

배포권

배포란 저작물이나 복제물을 널리 전해 많은 사람이 볼 수 있도록 하는 것이에요. 저작물을 판매하는 것도 여기에 해당되지요. 다른 사람의 저작물이나 복제물을 판매하려면 저작자로부터 허락을 받아야만 해요. 저작자가 배포권도 갖고 있으니까요. 예를 들어 우리나라의 동화 작가가 다른 나라 출판사에도 저작권료를 받고 자기 책을 펴낼 수 있도록 허락하면 배포권을 행사하는 것이에요.

대여권

대여권은 판매용 음반이나 판매용 프로그램을 돈을 받고 빌려줄 권리를 가리켜요. 작곡가나 작사가 같은 음악저작물의 저작자는 자신이 창작한 음악을 음반으로 만들어 팔 수 있을 뿐만 아니라 돈을 받고 빌려줄 수 있는 권리도 있어요. 컴퓨터 프로그램 저작자도 마찬가지예요. 만약 사람들이 돈을 내지 않고 함부로 빌려 쓴다면 저작자는 그만큼 이익이 줄어들 수밖에 없겠지요. 저작인접권자인 실연자에게도 자기가 부른 노래가 음반으로 판매되면 대여권이 생긴답니다.

2차적저작물작성권

2차적저작물이란 원저작물을 번역하거나 영상으로 만드는 것, 어린이용 또는 어른용 작품으로 바꾸는 것, 음악이라면 편곡하는 것 등의 방법으로 만든 저작물을 말해요. 2차적저작물은 원저작물 저작권자의 허락 없이 만들면 안 된답니다. 본래는 원저작물 저작권자가 2차적저작물작성권을 가지고 있기에 이를 침해하는 것이 되기 때문이지요. 하지만 허락을 받아 2차적저작물을 만들게 되면 그 사람도 저작권이 있으며, 2차적저작물도 독자적인 저작물로 보호받아요.

저작인격권이란 무엇일까요?

사람에게 존중받을 인격이 있는 것처럼 저작권법에서는 저작자에게 인격권이 있다고 여겨요. 저작물을 만든 저작자가 경제적 이익뿐만 아니라 인격적으로도 보호를 받을 권리를 지켜 주는 것이에요.

다른 사람이 내 일기를 훔쳐본다면 어떤 기분이 들까요? 일기 내용을 인터넷 게시판에 올려서 많은 사람들이 알게 된다면 또 어떨까요? 내가 만든 작품을 다른 사람이 자기 것이라고 써 놓으면 어떤 기분일까요? 또는 남이 함부로 바꾼다면 어떨까요? 몹시 마음이 상하겠지요? 이런 일들을 저지르면 금전적인 피해를 끼치지 않더라도 저작자의 마음에 정신적 고통을 주게 돼요. 그래서 저작인격권을 만든 것이지요. 저작인격권은 공표권, 성명표시권, 동일성유지권, 이 세 가지 권리로 나뉘어요.

공표권

공표란 여러 사람에게 널리 드러내어 알리는 것을 말해요. 저작권자는 자기 작품을 공표할 것인지 안 할 것인지, 책, 영화, 연극, 방송 및 기타 어떤 방법으로 공표할 것인지 정하고 판단할 권리가 있어요. 저작물을 저작자의 동의나 허락 없이 다른 사람이 공표하면 저작자의 공표권을 침해하는 것이 되지요.

성명표시권

저작자는 자기 저작물이나 복제물에 자기 이름을 표시할 권리가 있어요. 저작자가 원래 이름을 쓰든 필명을 쓰든 저작물 이용자는 이대로 저작자를 밝혀야 해요.

동일성유지권

저작자는 자기 작품을 처음 만든 그대로 유지시키고 함부로 변경하지 못하게 할 권리가 있어요. 다른 사람이 내용 일부를 빼거나 고치려면 반드시 저작자의 동의를 얻어야 해요. 번역, 편곡, 개작 등도 정당한 이용 허락을 받아야 할 수 있지요.

저작인격권은 다른 사람에게 줄 수 없어요

저작인격권은 정신적인 권리라서 다른 사람에게 물려줄 수 없어요. 오직 저작물을 만든 사람에게만 주어지지요. 저작자가 자신의 저작재산권을 다른 사람에게 주어도 저작인격권은 여전히 저작자에게 있으므로 저작자의 동의 없이 저작자의 이름이나 저작물의 내용을 바꿀 수 없답니다.

 # 저작권의 보호 기간

저작자는 자신이 받은 저작권을 언제까지 가질 수 있을까요? 집이나 땅은 그것을 가진 사람이 계속 가지고 있을 수 있지요. 그런데 저작재산권은 달라요. 저작자의 권리를 지켜 주는 기간이 정해져 있어요. 이 보호 기간이 지나면 누구나 허락 없이도 저작물을 이용할 수 있답니다. 저작권은 문화의 발전을 위해 만든 것이니까요.

저작재산권의 보호 기준

저작재산권이 언제까지 보호되는지는 크게 두 가지 기준으로 나뉘어요. '저작자가 세상을 떠났을 때' 또는 '저작물이 처음 공표되었을 때'지요.

저작자가 누구인지 명확한 경우에는 '저작자가 세상을 떠났을 때'를 기준으로 삼아요. 세상을 떠난 후 70년이 될 때까지 보호받아요.

그런데 어떤 저작물은 저작자 표시가 없어서 저작자를 알 수 없답니다. '무명 저작물'인 경우지요. 또 진짜 이름이 아닌 필명, 예명으로 표시되어 있어서 저작자를 알 수 없는 '이명 저작물'도 있어요. 이런 저작물들은 공표된 해의 다음 해 1월 1일부터 70년이 되는 해 12월 31일까지 보호받아요. 영상저작물은 모두 '저작물이 처음 공표되었을 때'를 적용해요.

보호 기간의 기준

저작자가 세상을 떠났을 때 / 저작물이 처음 공표되었을 때

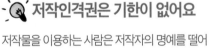

저작인격권은 기한이 없어요

저작물을 이용하는 사람은 저작자의 명예를 떨어뜨려서 저작인격권을 침해하면 안 돼요. 이것은 때와 상관없이 항상 지켜야 하지요. 그러므로 저작인격권의 보호는 영구적이라고 볼 수 있어요.

보호 기간의 원칙

저작재산권 보호 기간은 저작자가 살아 있는 동안과 세상을 떠난 후 70년 동안이에요. 예를 들어 어떤 사람이 20세에 소설 한 편을 발표한 다음 80세에 세상을 떠났다면 그 소설에 대한 저작재산권의 보호 기간은 발표 후 살아 있었던 60년과 세상을 떠난 후 70년을 합쳐 모두 130년 동안인 것이지요.

저작자의 작품 발표 후 생존 기간

저작자 사망 후 70년

작품 발표!

R.I.P

사망 후 70년

＊사망한 후에는 사망한 다음 해의 1월 1일부터 70년이 되는 해의 12월 31일 오후 12시까지로 계산해요.

🔍 만일 저작자가 여러 명이라면?

저작자가 여러 명인 공동 저작물의 보호 기간은 공동 저작자 중에서 맨 마지막으로 세상을 떠난 저작자의 사망 후 70년간입니다. 이 때문에 공동 저작물은 개인 저작물보다 저작권 보호 기간이 더 길 수도 있답니다.

저작인접권의 보호 기간은?

저작권이 생기면 저작인접권도 생긴다고 했지요? 실연의 경우에는 그 실연을 한 때부터, 음반의 경우에는 그 노래나 음악을 맨 처음 음반에 넣은 때부터, 방송의 경우에는 그 방송을 처음 시작한 때부터 각각 저작인접권이 생겨요. 저작인접권의 보호 기간 역시 실연이나 음반 제작이 있었던 때의 다음 해부터 시작해서 70년간이에요. 방송의 경우에는 50년간이지요. 이 규정은 2013년 8월 1일부터 시행되었어요.

공유 저작물

저작권의 보호 기간이 지나면 그 저작물은 공유 저작물이 되어 누구나 자유롭게 사용할 수 있어요. 이는 문화 발전을 위해서예요. 보호 기간 이후에는 저작물을 자유롭게 이용함으로써, 또 그것을 활용해 2차적저작물이 많이 만들어짐으로써 문화가 더욱 발전해 나갈 수 있기 때문이에요. 한국저작권위원회 자유 이용 사이트(https://freeuse. copyright.or.kr)에 접속하면 공유 저작물들을 확인할 수 있답니다.

🔍 저작권 보호 기간이 끝난 저작물

우리나라에서 유명한 김소월 시인은 1902년에 태어나 1934년에 세상을 떠나셨어요. 돌아가신 지 100년 가까이 지났지요. 따라서 시인의 저작재산권은 없어졌으므로 김소월 시인의 작품들은 저작자의 허락 없이 출판을 할 수 있어요. 그래도 시인의 이름과 작품 내용을 함부로 바꿔서 저작인격권을 해치면 안 되겠지요.

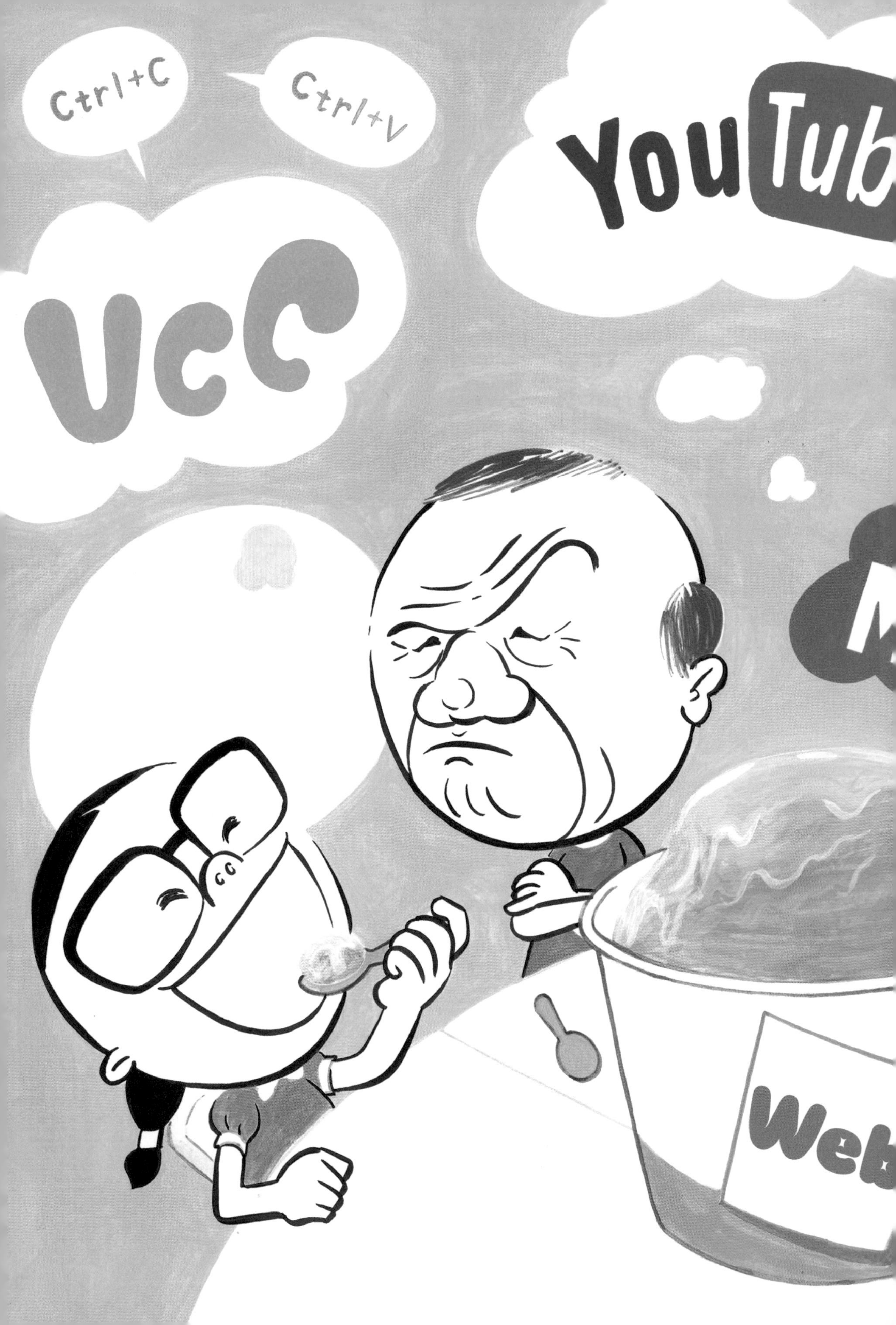
Ctrl+C
Ctrl+V
UCC
YouTub
Web

facebook

5장

디지털 시대의 저작권

디지털 시대의 저작권 침해

인터넷은 정보화 시대를 열었어요. 정보의 홍수라고 불릴 만큼 많은 정보를 쉽게 볼 수 있어 참 편리하지요. 그런데 이렇게 많은 정보를 공유하다 보니 인터넷상에서 남의 저작물을 함부로 베껴 쓰는 문제도 따라 생겨났어요. 저작권자의 허락 없이 책 내용이나 인터넷 기사, 그림이나 사진, 음악 등을 복제해서 웹 페이지에 올리는 일이 많아진 것이에요. 이런 일들은 사실 저작권 침해에 해당돼요. 다른 사람의 저작권을 침해하면 손해 배상이나 징역형, 벌금형과 같은 처벌을 받을 수도 있으니 주의해야 해요.

내가 만든 UCC가 저작권 침해?

여러분 중에도 UCC(User Created Contents) 만드는 재미에 푹 빠져 있는 친구들 있지요? 유명 가수나 코미디언을 따라 하는 개인기 동영상을 만들어 인터넷에 올리고 네티즌들의 반응을 확인하기도 하지요. 방송 화면을 함께 띄워서 연예인과 자신을 비교하는 동영상도 종종 볼 수 있어요. 그런데 이 경우, 이용 허락 없이 유명 연예인을 흉내 낸 동영상을 전송했다면 저작인격권을 침해했다는 이유로 '1년 이하의 징역 또는 1,000만 원 이하의 벌금'에 처해질 수 있답니다.

일상 속 저작권 침해

자기도 모르게 무심코 저작권을 침해하는 경우는 꽤 많아요. 음악 파일 등을 웹 사이트의 게시판, 자료실, 방명록, 홈페이지, 카페, 블로그에 올리는 것도 저작권 침해랍니다. 다른 사람들과 함께 들으려고 웹하드에 저장하거나 내려받는 것, P2P 프로그램으로 음악 파일이나 저작물을 올리거나 내려받는 경우도 해당돼요. 동영상 플랫폼(유튜브 등)이나 SNS(페이스북, 인스타그램 등)에 올리는 것도 당연히 주의해야 하지요. 저작재산권의 하나인 공중송신권을 침해하는 것이니까요. 그 외에도 MP3 파일이 아닌 다른 파일(asf, wma, avi, wav 등)로 바꿔 웹 사이트에 올리거나 확장자명과 상관없이 무단으로 올리는 것도 불법 행위에 속해요.

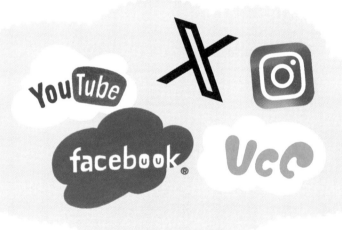

💡 방송 장면을 올려도 저작권 침해

유명 연예인이 등장하는 드라마 장면, 오락 프로그램 장면, 버라이어티 쇼의 한 장면 등을 캡처해서 인터넷에 올리는 것도 저작권 침해에 해당돼요. 그 영상을 제작한 사람이나 단체에게 저작권이 있기 때문이지요.

인터넷 속 저작권 침해

인터넷에서 출처가 밝혀지지 않은 글이나 그림, 사진도 함부로 쓰면 안 돼요. 누군가 창작한 사람이 있으니까요. 경고 문구 등 아무런 표시 없이 게시된 저작물은 그것이 보호받는 저작물인지 아닌지 확인하기 어렵다는 점에서 더욱 위험해요. 좋아하는 연예인 팬 카페 등에도 함부로 음악 파일을 올리면 안 된답니다. 가수 자신이 부른 노래를 올리는 것도 저작권 침해가 될 수 있어요. 대중가요의 저작권은 가수에게 있는 것이 아니라 작사가와 작곡가에게 있기 때문이지요. 가수에게는 실연에 따른 저작인접권만 주어지므로 노래를 온전히 이용하려면 작곡가와 작사가의 허락을 따로 받아야 해요. 만일 카페에 음악을 올리고 싶다면 정당한 이용 허락 과정을 거쳐 정해진 대가를 주고 내려받은 다음에 올려야 하는 것이지요.

학생이나 선생님의 저작권 침해

학교 숙제에 인터넷 자료를 그대로 베껴서 제출하는 것도 저작권 침해라는 것, 알고 있나요? 학습 자료를 복사해서 수업 시간에 쓸 수는 있지만, 학교 홈페이지에 올리는 것은 저작권 침해가 돼요. 문제집이나 자습서, 참고서 등에도 모두 저작권이 있기 때문이에요. 글쓰기 대회나 그림 그리기 대회에서 다른 사람의 글이나 그림을 베껴서 내는 것도 당연히 저작권 침해가 되지요.

💡🔍 저작권 침해의 책임

저작권을 침해하면 저작권법에 따라 처벌을 받을 수 있어요. 교도소에 들어가는 징역형이나 벌금을 내는 벌금형에 처해지지요. 뿐만 아니라 저작재산권자에게 입힌 손해도 물어 주어야 해요. 이를 법률 용어로 손해 배상이라고 해요.

이렇듯 다른 사람의 저작재산권을 침해하면 다른 사람의 물건을 훔치는 것과 마찬가지로 처벌을 받게 되니 꼭 주의하도록 해요!

파일 복사도 저작권 침해

컴퓨터 프로그램은 저작권법으로 보호받는 저작물 중 하나예요. 이를 함부로 복사하거나 공유하면 안 된답니다. 또 판매 중인 음반도 개인이 복제해서 함부로 나누어 주면 안 돼요. 컴퓨터 프로그램이든 음반이든 정품을 구입해서 사용하는 것이 저작권을 보호하는 동시에 관련 산업을 발전시키는 지름길이라는 사실, 잊지 말아야 해요.

저작권 침해가 주는 피해

오늘날에는 온라인상에서 전 세계가 하나로 연결되어 있다 보니 불법 복제물 때문에 생길 수 있는 피해가 상상을 초월해요. 만일 우리나라가 공들여 만든 영화 파일이 인터넷을 통해 마구잡이로 퍼진다고 생각해 보세요. 실제로 이러한 저작권 침해 때문에 생긴 피해 규모는 돈으로 따질 수 없을 정도로 크다고 해요. 한류 열풍이 대단한 만큼 우리 창작물을 지키기 위해 국가와 국민이 하나가 되어 노력해야 할 때예요.

외국인의 저작권도 보호받아요

우리나라 저작권법은 국내에 사는 외국인 혹은 우리나라가 가입한 국제 조약의 가입국 국민이 만든 저작물이나 음반도 우리나라 사람의 것과 같은 수준으로 보호하고 있답니다.

정보의 이용을 허락하는 CCL 표시

저작권으로 저작물을 만든 사람의 권리를 보호하는 것도 좋지만 정보를 사용하는 사람의 입장에서는 자유롭게 정보를 활용하고 널리 알리는 것이 어려울 수 있어요. 인터넷에서 본 짧은 글이나 사진 등에도 저작권이 있으니 마음대로 활용하는 데 한계가 있지요. 그래서 저작권의 적용을 조금 느슨하게 하려는 움직임도 있답니다.

CCL이란?

UCC, 블로그, 홈페이지를 만드는 사람이 많아지면서 정보를 자유롭게 올리거나 공유하고 싶은 사람도 많아졌어요. 하지만 저작권을 침해하지 않고 건전한 방법으로 해야겠지요? 이러한 이유로 생겨난 것이 바로 **CCL(Creative Commons License, 저작물 사용 허가 표시)**이에요. '모든 사람이 정보를 자유롭게 이용하도록 허락하되, 최소한의 통제권을 행사'하는 것이지요. CCL에 표시된 조건을 지키면 정보의 자유 이용을 허락하는 것이에요.

CCL의 적용은?

CCL은 온라인에서 오고 가는 텍스트(글), 이미지, 동영상, 사운드 창작물에 주로 적용돼요. 하지만 다른 창작물에도 적절히 적용할 수 있어요. 책의 앞면이나 뒷면, CD나 DVD 같은 저작물에도 적당한 위치에 CCL을 표시할 수 있답니다.

CCL 기본 아이콘

정보를 어떤 조건으로 이용할 수 있는지는 CCL 아이콘을 보고 판단할 수 있답니다. 한눈에 알아보기 쉽도록 그림 글자로 정보 이용 조건을 표시한 것이지요.

BY(Attribution)
저작자 표시

해당 저작물을 이용할 때 저작자의 이름, 저작물의 제목, 출처 등 저작자 및 저작물에 관한 표시를 해 주어야 한다는 조건이에요. 즉 성명표시권을 지켜야 한다는 뜻이지요.

NC(Noncommercial)
비영리

이 표시는 비영리 목적으로만 저작물을 이용하라는 뜻이에요. 이 저작물을 이용해서 돈을 벌게 되는 이용자는 별도의 계약을 맺고 대가를 주어야 이용할 수 있어요.

ND(No Derivative Works)
변경 금지

저작물의 내용을 바꾸거나 2차적저작물을 만들 수 없다는 표시예요.

SA(Share Alike)
동일 조건 변경 허락

변경이나 2차적저작물을 허용하지만 원저작물과 동일한 조건을 표시하고 이용하라는 뜻이에요. 원저작물의 CCL 조건이 '저작자 표시'라면 2차적저작물도 동일하게 '저작자 표시' 조건을 붙여야 해요.

CCL 아이콘이 여러 개 있을 때

네 가지의 CCL 기본 아이콘은 대개 하나만 사용되지는 않아요. 저작자들마다 지키기 원하는 조건들이 다르기 때문에 기본 아이콘들을 한 개 이상 선택해서 표시하지요. 아래 그림에서 왼쪽 원 안에 있는 CC는 CCL을 뜻하고, 그 옆에는 이용 조건을 알리는 아이콘들이 표시되어 있어요. 경우에 따라서는 아이콘을 사용하지 않고 'BY', 'NC' 등 알파벳으로 표시하기도 해요.

저작자 표시
(BY)

저작자, 저작물 제목, 출처 등을 표시한다면 자유롭게 사용할 수 있다는 뜻이에요. 영리 목적으로 사용하거나 저작물의 내용을 변경하는 등 2차적저작물을 만들어도 괜찮아요.

저작자 표시-비영리
(BY-NC)

저작자, 저작물 제목, 출처 등을 표시하고 비영리 목적으로만 사용한다면 자유롭게 사용할 수 있다는 뜻이에요. 저작물의 내용을 변경하는 등 2차적저작물을 만들어도 괜찮아요.

저작자 표시-동일 조건 변경 허락
(BY-SA)

저작자, 저작물 제목, 출처 등을 표시하고 원래의 저작물과 같은 CCL을 표시한다면 2차적저작물을 만들어도 괜찮다는 뜻이에요.

저작자 표시-비영리-변경 금지
(BY-NC-ND)

저작자와 출처 등을 표시하고, 돈을 버는 목적으로 이용하는 것이 아니어야 하며, 저작물을 변경하지 않아야 이용할 수 있다는 뜻이에요.

저작자 표시-비영리-동일조건변경허락
(BY-NC-SA)

저작자와 출처 등을 표시하고, 돈을 버는 목적이 아니어야 하며, 원저작물의 CCL을 표시하면 이용할 수 있다는 뜻이에요. 변경도 가능해요.

저작권 기증

저작권을 자유롭게 이용하도록 허용하는 방법 중에는 저작권의 기증도 있어요. 자신이 창작한 저작물을 저작권료 없이 사람들이 자유롭게 사용할 수 있도록 하는 것이 바로 저작권 기증이에요. 정말 고마운 일이지요? 저작권을 기증해서 널리 쓰이도록 한다면 지식을 나누고 새로운 창작을 하는 데도 큰 도움이 될 거예요.

☀️ 우리나라 저작권 기증 1호는 「애국가」

우리나라에서 저작권 기증 1호는 2005년 안익태 선생님의 유족들이 기증한 「애국가」입니다. 안익태 선생님의 부인 안로리타 여사는 2035년까지 저작권을 보호받을 수 있는데도 「애국가」가 국민의 노래라고 생각해 저작권을 기증했답니다. 기증 전까지 정부는 안익태 선생님의 유족에게 매년 500만 원에서 1,000만 원 정도의 저작료를 지불했지요. 유족들은 이 저작료를 더는 받지 않고 「애국가」를 나라에 기증하기로 한 것이에요.

🔍 CCL에 관해 알아 둘 점

CCL은 자기가 창작한 저작물에만 적용할 수 있어요. 공동 저작물 또는 업무상 저작물일 경우 저작자를 꼼꼼하게 따져야 해요. 자기가 저작권을 갖고 있지 않은 저작물에는 CCL을 설정하면 안 된답니다. 다른 사람의 저작물에 CCL을 설정하면 원저작자의 권리를 침해하는 것이니까요.

저작자는 CCL을 적용하고 난 후에도 언제든지 그 적용을 취소하거나 설정 내용을 변경할 수 있어요. 대신 취소하거나 변경한 이후에 이용하는 사람들에게만 그 규정이 적용되지요. CCL이 있는 저작물은 CCL 조건만 잘 지킨다면 별도의 허락을 구하거나 비용 지불 없이 이용할 수 있어요.

비영리 조건의 저작물을 영리적으로 이용하고 싶을 때는, 즉 수익을 얻을 목적으로 그 저작물을 이용하고 싶을 때는 저작자에게 허락을 받아야 해요.

CCL에서 저작자 표시는 대부분 필수 사항이에요. 원저작자가 저작물의 위치를 명확히 표기한 경우에는 이용하는 사람도 그 URL 주소 등을 함께 표기해야 해요. 2차적저작물의 경우에는 '○○○의 저작물을 한국어로 번역한 것임' 또는 '원저작자 ○○○의 저작물에 기초한 각본임' 등의 방식으로 표시해야 해요.

설정한 CCL 조건을 어기는 이용자에게는 저작물 이용 허락이 자동적으로 끝나게 돼요. 또한 저작권 침해에 따른 법적 책임을 져야 하지요.

* 참고 웹 사이트: 크리에이티브 커먼즈 코리아 (https://ccl.cckorea.org)

🔍 올바른 저작권 사용법

숙제를 하기 위해 인터넷 자료를 베끼고 영화나 음악, 게임을 함부로 복제하는 등 우리는 무심코 다른 사람의 저작권을 침해할 때가 종종 있어요. 어떻게 해야 저작권을 올바로 사용하는 걸까요?

1) 음악, 영화, 게임 등은 정품을 사서 이용해요. 그래야 굿 다운로더!
2) 저작권자에게 이용 허락을 받도록 해요.
3) CCL 조건을 잘 지켜요.

🔍 저작물을 이용하는 방법

1) 내가 이용하고 싶은 저작물이 저작권이 있는 저작물인지 아닌지, 저작권 보호 기간이 지났는지 아닌지 확인해요.
2) 저작물 이용 방식이 저작권법에서 허용하는 내용인지 확인해요.
3) 저작권자에게 저작물 제목과 이용 내용을 알리고 허락을 받아요.
4) 허락받은 한에서만 저작물을 이용해요.

＊ 올바른 저작물 이용 방법을 알려 주는 웹 사이트: 한국저작권위원회
(https://www.copyright.or.kr)

인용과 표절, 무엇이 다를까요?

학교에서 선생님이 숙제를 내 주시면 보통 책이나 인터넷을 검색해 보지요? 출처를 알 수 없는 정보들을 이리저리 끌어모아 숙제를 마무리하는 친구들도 있을 거예요. 물론 숙제를 하거나 발표를 할 때 다른 사람의 글이나 말을 끌어 쓰는 것이 필요할 때가 있어요. 이것을 **인용**이라고 하지요. 그런데 문제는 다른 사람의 저작물을 가져온 행위를 그저 인용이라고만 여기고 **표절**이 될 수 있다는 것을 모른다는 것이에요. 인용과 표절에 대해 잘 모르기 때문에 생기는 일이지요.

인용도 정당한 범위 내에서

우리나라 저작권법에서는 다른 사람의 저작물을 인용하는 행위는 저작재산권 침해가 아니라고 밝히고 있어요. 그러니까 다른 사람의 저작물을 인용하는 것 자체는 잘못이 아니라는 것이지요. 그런데 인용이란 '다른 저작물의 내용 가운데에서 한 부분을 참고로 끌어다 쓰는 것'을 가리켜요. 인용도 정당한 범위 안에서 이루어지고, 올바른 형식을 지켜야 한다는 것이지요.

어떻게 해야 정당한 범위일까요?

저작권법에서 말하는 정당한 범위란 무엇일까요? 우선 다른 저작물을 자기 저작물에 인용해야만 하는 이유가 인정되어야 하며, 내용이나 분량에서 자기 창작이 중심이 되어야 해요. 인용한 내용이나 분량은 자기 창작 내용을 강조하기 위해 보조 역할을 하는 정도여야 하는 것이지요. 인용한 부분은 큰따옴표로 인용 부호를 붙이거나 문단을 바꾸어 본문과 다른 서체로 표시하는 등 자신의 글과 명확히 구별되도록 해야 해요. 그리고 다른 사람의 저작물을 가져다 쓸 때는 우선 반드시 그 출처를 밝히는 습관을 길러야 해요. 인용을 할 때도 어느 책의 어느 부분, 어떤 화가의 어떤 그림을 썼는지 출처를 분명하게 밝혀야 하지요. 보통 인용한 내용에 번호나 별 표시를 하고 페이지 아래에 각주를 달아서 출처를 밝힌답니다.

💡 인용의 예시

· **따옴표를 사용하는 경우**

저작권은 "문학, 예술, 학술에 속하는 창작물에 대하여 저작자나 그 권리 승계인이 행사하는 배타적 · 독점적 권리(표준국어대사전)"를 말한다.

· **각주를 이용하는 경우**

1) 김기태, 2025, 『어린이 크리에이터를 위한 저작권 가이드』 상수리, p. 79.

옳지 않은 표절의 풍토

그런데 출처만 밝히면 그것이 곧 인용이라고 생각하는 사람이 많아요. 출처를 밝혔더라도 저작권 침해가 되는 경우가 있으므로 주의해야 해요. 숙제를 내 주실 때마다 선생님께서 표절하지 말라고 말씀하시지요? 기사나 방송에서도 표절이란 말을 많이 들어 보았을 거예요. 다른 사람의 음악을 표절한 작곡가, 다른 사람의 그림을 표절한 화가 등 표절 시비가 많지요. 표절이란 한마디로 저작물 훔치기라고 할 수 있어요. 다른 사람의 노래나 글을 몰래 따다 자기 작품에 사용하는 행위지요. 다른 사람의 저작 행위를 무시했다는 점에서 도덕적으로도 비난받아 마땅한 행위가 바로 표절이에요.

왜 표절하면 안 될까요?

우리가 공부를 하는 근본적인 이유는 옳고 그름을 깨닫고 익히기 위해서예요. 그런데 공부를 하면서 올바른 방법을 사용하지 않는다면 이것은 모순이겠지요? 표절을 하면 안 되는 이유도 마찬가지예요. 아무리 많은 지식이 있는 사람이라도 정직하고 올바른

태도를 갖추지 못하면 지식을 잘못 사용해 사회를 어지럽히기 쉽지요. 다른 사람이 많은 시간과 노력을 들여 이룬 성과를 몰래 가져다 쓰는 표절 행위는 다른 사람에게 피해를 줄 수밖에 없어요. 나는 정직하게 공부해서 시험을 치렀는데, 짝은 내 답을 보고 써서 나와 비슷한 점수를 받았다면 내 기분이 어떨까요? 내가 열심히 만든 미술 작품, 하루 종일 생각해서 쓴 글을 다른 친구가 몰래 베껴서 나보다 더 칭찬을 받는다면 어떨까요? 우리가 표절을 하면 안 되는 이유를 잘 알겠지요? 다른 나라에서는 표절이 발각되면 퇴학을 시키거나 이미 받은 학위나 상을 취소하기도 해요. 그만큼 표절이 옳지 않다는 뜻이지요. 표절을 눈감아 준다면 먼저 창작한 사람의 공로를 인정하지 않고 전체나 일부분을 그대로 따다가 자기 저작물이라고 주장하는 사람들이 많아질 거예요. 이렇듯 창작에 따른 노력을 인정하지 않게 되면 사람들은 더 이상 창작을 하려 하지 않을 것이고, 결국 문화의 발전은 어려워지겠지요. 그러므로 자기 이름으로 제출하거나 발표하는 모든 저작물은 자기가 창작한 것이어야 해요.

학교에서도 이용 허락이 필요할까요?

우리나라 저작권법에서는 학교 교육을 위해 저작물을 사용하는 경우는 저작재산권 침해가 아니라고 밝히고 있어요. 수업에 필요하다고 인정되는 경우에는 공표된 저작물의 일부분을 복제, 배포, 공연, 방송 또는 전송할 수 있어요. 교실에서 책이나 인터넷에 있는 누군가의 저작물을 활용해서 선생님이 수업을 하거나 학생이 발표를 하는 것은 저작재산권을 침해하는 행위가 아니라는 뜻이지요.

보상금은 지급해야

학교에서 교육을 위해 저작물을 이용할 때도 문화체육관광부 장관이 정한 기준에 따라 저작자에게 보상금을 지급해야 해요. 단 고등학교 이하의 학교, 즉 초등학교, 중학교, 고등학교는 제외하지요. 대학교나 대학원 수업에서 저작물을 이용하는 경우에는 미리 이용 허락을 얻을 필요는 없지만, 이용하고 난 후에 보상금을 지급해야 해요. 문화체육관광부에서 지정한 관련 기관이 이러한 보상금을 저작자들에게 지급하는 업무를 하고 있어요.

학예회와 저작권

노래를 잘 부르고 피아노도 잘 치는 철수는 학예회가 열리면 곧잘 반 대표로 무대에 서요. 학예회에서 철수는 아무 노래나 마음대로 불러도 되는 걸까요? 학예회에서의 공연도 저작재산권 중의 공연권을 침해하는 것은 아닐까요?

우리나라 저작권법에서는 학예회처럼 돈을 버는 목적이 아닌 공연이나 방송은 이용 허락을 받지 않아도 된다고 규정하고 있어요. 이러한 비영리 공연이나 방송에는 저작재산권이 적용되지 않으므로 철수는 원하는 노래를 마음대로 불러도 되는 것이지요.

비영리 공연이란?

비영리 공연이라면 청중이나 관중으로부터 입장료나 협찬금을 받지 않아야 해요. 출연하는 가수나 연주자, 합창단 같은 실연자들도 출연료를 전혀 받지 않아야 하고요. 즉 주최하는 사람이나 출연자 모두 이 공연에서 돈과 같은 수익을 얻는 일이 없어야 해요. 이러한 공연에서는 저작물을 번역, 편곡, 개작할 수도 있고, 출처를 명시할 의무도 없으며, 판매용 음반을 틀거나 영상저작물을 보여 줄 수도 있답니다.

학교에서의 영화 관람과 저작권

앞서 이야기했듯이 우리나라 저작권법에서는 학교에서 교육 목적으로 저작물을 이용하는 것은 저작권 침해가 아니라고 정해져 있어요. 하지만 영화 파일을 학교 홈페이지나 학급 블로그에 올려서 학교 밖 다른 사람들까지 영화를 감상할 수 있게 하는 것은 저작권 침해가 돼요.

도서 요약과 복사, 기사 이용과 저작권

요즘 바빠서 책 읽을 시간이 없는 사람을 위해 책의 핵심 내용만 요약해 주는 도서 요약 서비스가 큰 인기를 끌고 있어요. 독후감용 도서 요약을 요청하는 사람들도 많지요. 이 때문에 도서 요약 서비스로 돈을 버는 사람들도 있어요. 그런데 도서 요약 서비스는 저작권 침해가 아닐까요?

도서 내용 요약의 저작권 침해

책 내용을 요약해서 다른 사람들에게 제공하는 서비스는 저작자의 저작인격권, 특히 저작물의 내용, 형식 및 제목을 동일하게 유지해야 하는 동일성유지권을 침해할 가능성이 매우 높아요. 저작권자의 허락을 얻더라도 이는 저작재산권의 일부를 위임받은 것에 불과하며 저작인격권을 침해해도 좋다는 뜻은 아니에요. 특정 저작물의 내용을 요약할 권리는 저작자에게만 있으며, 다른 사람이 요약했다면 요약이 완료된 후 저작자의 감수를 받아야 해요. 또한 도서 요약 서비스는 저작재산권 중 하나인 2차적저작물작성권 침해가 될 수 있어요. 해당 저작권자의 이용 허락을 받으면서 2차적저작물작성에 관한 이용 허락을 함께 받지 않는 한, 마음대로 도서를 요약하면 저작재산권 침해가 되지요.

혼자 보려고 책을 복사하는 것도 저작권 침해인가요?

학교에 도착했는데 국어 교과서를 집에 두고 온 것을 깨달았어요. 하는 수 없이 친구의
교과서를 빌려 오늘 수업할 부분을 복사했지요. 이처럼 개인이 잠깐 이용할 목적으로
책을 복사하는 것은 저작권 침해일까요, 아닐까요?

저작권법에서는 영리를 목적으로 하지 않고 개인적으로 이용하기 위해 책을 복사하는
것은 저작재산권 침해가 아니라고 해요. 이를 '사적 이용을 위한 복제'라고 하지요. 즉
수익을 얻을 목적이 없고 함부로 공유하거나 배포하지 않는다면, 복사기를 이용해서
책의 일부분을 복사하거나 MP3 파일로 음악을 녹음하는 것은 저작권 침해에
해당되지 않아요.

개인적으로 저작물을 이용할 때는 번역, 편곡, 개작을 할
수 있고 출처를 밝히지 않아도 된답니다.

복사 전문점 이용료

책을 복사할 때 종종 복사 전문점에 가지요. 개인적인 용도로 저작물을 복제하는 것은 저작재산권 침해가 아니라고 했으니 책을 복사한 사람은 큰 책임이 없겠지요? 하지만 복사 전문점 주인은 어떨까요? 복사 전문점처럼 저작물 복제로 돈을 버는 행위는 저작권법을 어기는 일이에요. 그래서 먼저 저작권자 보호 단체를 통해 이용 허락을 얻어야 한답니다. 학교 앞 복사 전문점들도 한국복사전송권협회 같은 저작권자 보호 단체를 통해 이용 허락을 받아요. 실제로 많은 복사 전문점들이 1년 단위 등 일정한 기간을 정해서 복사에 따른 이익을 계산해 관련 단체에 저작권 이용료를 지불하고 있지요. 하지만 책을 통째로 복사한 다음 제본해서 판매하는 것은 불법이니 구입해서는 안 돼요.

신문 기사의 저작권은 누구에게 있을까요?

영희의 학교에는 방과 후 활동으로 학교 오케스트라 활동이 있어요. 양로원을 방문해 할아버지, 할머니들을 모시고 '찾아가는 음악회'를 열기도 하지요. 그런데 어느 신문사에서 영희의 학교 오케스트라를 취재하고 기사를 실었어요. 단원들의 연습 장면을 담은 사진도 함께 실렸어요. 오케스트라 단원 아이들은 자랑삼아 인터넷에서 기사를 내려받아 친구들에게 보내기도 하고, 학교 홈페이지와 포털 사이트 게시판에도 올렸어요. 이럴 때 신문 기사의 저작권은 누구에게 있는 걸까요? 단원 아이들의 모습이 나오고 아이들의 이야기니까 이 아이들에게 저작권이 있는 걸까요?

저작권에 해당하는 기사도 있어

신문 기사는 두 종류로 나뉘어요. 사건에 대한 사실만 쓴 보도 기사(Straight news)와 사설, 논설, 칼럼, 탐방 기사, 시사만평, 미디어 비평, 서평 같은 피처 기사(Feature story)로 나뉘지요. 저작자의 개성이 드러나는 피처 기사는 저작물에 해당돼요. 이와 달리 인사 발령, 부고, 주식 시세 등 기본 사실로만 쓰인 기사는 사실 전달에 불과하므로 저작권법의 보호를 받지 않아요. 하지만 사실을 전하는 보도 기사라도 창작성이 있거나 작성자의 평가, 비판 등이 들어 있으면 저작물이 될 수 있어요. 그러므로 신문사의 동의 없이 기사를 복제하고 게시판에 올리는 일은 저작권 침해가 될 수 있답니다.

🔍 저작권 침해를 따지는 기준은 무엇일까요?

다른 사람이 이루어 놓은 저작물의 전부 또는 일부를 저작권자의 허락 없이 이용하는 것을 무단 이용, 무단 복제 또는 표절이라고 해요. 전형적인 저작권 침해지요. 저작권자의 허락을 받았느냐 아니냐가 저작권 침해의 기준이에요.

· 무단 이용은 질적 판단

무단 이용은 다른 사람의 저작물의 전부나 일부로 비슷한 저작물을 만든 것이에요. 두 저작물을 비교했을 때 누구나 비슷하다고 느끼는 정도지요. 얼마나 많은 부분이 비슷한지 분량에 따라 판단하는 것이 아니라 내용을 꼼꼼히 따져서 어느 정도로 비슷한지 질적으로 판단하는 것이기에 일정한 부분만 비슷해도 저작권 침해에 해당돼요.

· 패러디 기법

패러디(Parody)란 특정한 작품의 소재 또는 특정 작가의 고유한 문체를 흉내 내서 우습고 재미있게 표현하는 것을 말해요. 패러디도 다른 작품을 모방한 것이니 저작권 침해일까요? 문학이나 예술 창작에서 패러디는 얼마든지 가능해요. 하지만 진정한 의미의 패러디라면 패러디라고 여겨질 수 있을 정도의 작품성이 있어야 해요. 모방을 토대로 새로운 내용이 더해져야 하지요. 단지 원작과 비슷하기만 한 내용이라면 패러디가 아닌 무단 이용, 무단 복제로 저작권 침해가 될 수 있답니다.

 초상권은 무엇일까요?

'초상'이란 사진이나 그림 속에 나타난 사람의 얼굴, 모습을 말해요. 내 얼굴도, 다른 사람의 얼굴도 모두 해당되지요. 우리 모두의 얼굴은 다른 사람이 사진이나 영상을 통해 함부로 사용할 수 없는 **초상권**이 있답니다. 특히 유명인이나 연예인의 경우, 초상권 문제에 더욱 신경을 많이 쓰므로 꼭 허락을 받아야 해요.

퍼블리시티권이란?

퍼블리시티권(Right of publicity)은 초상권의 일종이에요. 초상권은 사람의 얼굴 또는 모습을 당사자의 허락 없이 촬영해서 널리 퍼뜨리거나 돈을 버는 데 이용하지 못하도록 하는 권리예요. 초상권에는 타인에게 개인 고유의 정보를 노출시키지 않는 '프라이버시권'(인격권 측면)과 대가를 지불한 사람에게만 자기 초상을 이용하게 하는 '퍼블리시티권'(재산권 측면)이 함께 포함되어 있어요.

퍼블리시티권은 정당한 권리

보통 유명인들은 사람들 앞에 항상 모습을 드러내므로 프라이버시권은 매우 약하다고 할 수 있어요. 국민의 '알 권리' 차원에서 각종 보도에 이용될 수 있는 것이지요. 그러나 유명인들은 대중의 주목을 끌고 제품에 대한 믿음을 주기도 한다는 점에서 퍼블리시티권이 매우 강해요. 광고는 물건을 많이 판매해 돈을 벌려는 목적이므로 허락을 받고 필요시 대가를 지불하지 않는 한, 다른 사람의 초상을 사용하면 안 돼요. 따라서 퍼블리시티권을 침해하게 되면 손해 배상 책임이 따라요. 유명인들이 광고 모델로 큰돈을 받고 출연하는 것은 정당한 권리라고 할 수 있어요.

광고 문구에도 저작권이 있을까요?

광고는 소비자들의 사고 싶은 마음을 자극해요. '카피(Copy)'라고도 불리는 광고 문구는 '카피라이터(Copywriter)'라는 전문가가 만들어요. 제품의 특성을 드러내는 기발한 문구를 생각해 내는 일은 결코 쉽지 않지요. 이렇게 연구와 고민을 거쳐 생각해 낸 광고 문구에도 저작권이 있답니다.

단순 아이디어는 보호되지 않아

저작권법이 보호하는 저작물은 사람들이 알 수 있도록 구체적으로 표현된 것이어야 해요. 머릿속에만 있는 아이디어는 저작권 보호 대상이 될 수 없지요.
만일 두 광고 회사가 동일한 광고 문구 아이디어를 떠올렸다고 가정해 볼게요. 한 회사는 아이디어만 내고, 다른 회사가 먼저 그 문구로 광고를 냈다면 저작권은 광고를 만든 회사에만 있어요. 동일한 아이디어를 낸 회사는 억울하겠지만 저작권을 주장할 수 없답니다.

SNS 저작물, 내 마음대로 사용해도 될까?

페이스북, 인스타그램 등 각종 SNS에 실린 저작물도 창작성이 인정되면 저작권이 주어져요. 그래서 다른 사람의 SNS 저작물을 허락 없이 사용하거나 자신의 SNS에 올려서 공유하면 저작권 침해가 돼요. 다른 사람의 SNS에서 본 사진을 허락 없이 올리는 행위, 책 내용을 목소리로 녹음해서 올리는 행위, 책이나 영화, 웹툰에서 캡처한 이미지를 함부로 올리는 행위 모두 저작재산권(복제권, 공중송신권)을 침해하는 것이에요. 만일 출처를 밝히지 않았다면 저작인격권(성명표시권) 침해까지 될 수 있지요. 돈을 벌 목적이 아닌 비영리 활동이라고 해도 저작권 침해에 해당되므로 반드시 그 게시물을 만든 사람, 즉 저작권자의 허락을 받은 후에 올리거나 사용해야 해요.

SNS 저작물도 권리자의 동의가 반드시 필요해요!

저작물을 만든 사람의 허락을 받으려면 어떻게 하면 될까요? 해당 SNS 게시자에게 메시지 또는 이메일을 보내거나 그 밖의 연락처로 연락을 취해서 자신이 이용하려는 저작물과 이용 목적이 무엇인지 밝히고 허락을 받으면 되겠지요.

만일 해당 저작물의 저작권자가 누구인지 알 수 없고 연락할 방법도 모른다면 한국저작권위원회를 통해 '법정 허락'을 받으면 돼요. 한국저작권위원회 홈페이지를 방문하면 이에 대한 자세한 정보를 알 수 있어요.

내가 저작권 침해를 당했을 때는?

저작권을 침해하면 법적 책임을 져야 해요. 상대방이 내 저작권을 침해한 것이 확실하다면 처벌을 받게 할 것인지, 내가 입은 손해를 배상하게 할 것인지 결정해야 하지요. 저작권을 침해한 사람에게 연락할 방법이 있다면 왜 그랬는지 물어보고 답변을 받아

본 다음에 어떻게 할지 결정하는 것도 좋은 방법이에요.

만일 저작권 침해를 당했거나 저작권 침해 사례를 발견했을 때는 한국저작권보호원 온라인 신고 사이트(https://copy112.kcopa.or.kr)로도 신고할 수 있어요. 한국저작권보호원에서는 『권리자를 위한 저작권 침해 대응 매뉴얼』이라는 책도 발간해서 누구나 볼 수 있도록 공개하고 있답니다.

내가 다른 사람의 저작권을 침해했을 때는?

내가 다른 사람의 저작권을 침해했다면, 일부러 그런 것이 아니라고 해도 우선 저작권자에게 진심으로 사과하는 것이 중요해요.

상대방이 사과를 받아들이지 않고 법적 대응을 하려 한다면 한국저작권위원회를 통해 분쟁 조정을 신청할 수도 있어요. 한국저작권위원회 홈페이지에 그 방법이 소개되어 있답니다.

 인공 지능(AI)과 저작권

인공 지능(Artificial intelligence, AI)은 사람의 생각하는 능력을 인공적으로 구현하려는 컴퓨터 시스템을 말해요. 사람을 포함한 동물이 갖고 있는 지능, 즉 자연 지능(Natural intelligence)과는 다른 개념이지요. 오늘날 AI가 엄청난 영향력을 갖게 된 것은 빅데이터와 이를 기반으로 학습하는 기계 학습(머신 러닝) 기술 때문이에요. 과거에는 정해진 알고리즘대로 역할을 수행하던 컴퓨터 프로그램이 이제는 방대한 데이터를 바탕으로 스스로 학습하고 발전할 수 있게 된 것이지요. 인간의 학습 방식을 모방하게 된 것이에요.

AI 생성물의 사례와 저작권

AI는 빠른 속도로 발전해 현재는 창작에도 활용되고 있어요. 사람의 지시에 따라 시나 소설 같은 글을 써내기도 하지요. 뿐만 아니라 그림, 만화, 애니메이션, 음악 등 다양한 창작물을 만들어 내고 있답니다.

문제는 이렇게 AI가 생성한 창작물이 저작권 보호 대상인가 하는 점이에요. 현재의 저작권법에서는 사람이 아닌 AI, 즉 컴퓨터 프로그램이 만드는 저작물(뉴스 기사, 바둑 기보, 문학·미술·음악 작품 등)은 저작물로 보지 않아요. 저작물이 아니니 저작권자도 없는 셈이지요. 다만 AI를 운용하는 프로그램 제작자에게 해당 프로그램에 대한 저작권이 주어져요.

ChatGPT로 만든 창작물의 저작권

ChatGPT는 OpenAI라는 단체에서 2022년 11월에 개발한 대화형 인공 지능 서비스
예요. 원하는 내용을 입력하면 인공 지능 프로그램이 답변 형식으로 결과를 보여 줘요.
다음은 '봄과 어린이'를 주제로 5행 분량의 동시를 써 달라고 했을 때 ChatGPT가 내
놓은 결과예요.

봄과 어린이

햇살이 부드럽게 속삭이는 날,

풀밭엔 어린이 웃음꽃이 활짝 피네.

바람은 종이배를 밀어 주고,

나비는 친구 되어 춤을 추네.

봄이랑 어린이가 손잡고 노래해요.

어떤가요? 여러분이 쓴 시보다 잘 쓴 것 같나요?

그러나 이 시는 사람이 직접 창작한 것이 아니라 컴퓨터 프로그램이 학습한 결과를 바
탕으로 생성한 것이기 때문에 "인간의 사상과 감정을 표현한 창작물"로서의 저작물이
아니에요. 따라서 저작권이 주어지지 않는답니다.

AI 생성물의 저작권 분쟁

2023년 2월, 미국에서 만화책 『Zarya of the Dawn』을 둘러싼 논쟁이 마무리되었어요. 이 만화책은 평범한 만화책이 아니에요. AI 프로그램인 '미드저니(Midjourney)'를 이용해 생성한 이미지들로 구성한 만화랍니다. '미드저니'는 이용자가 원하는 이미지 결과물을 글로 설명하면 맞춤형 이미지를 생성해 주는 프로그램이에요. 이 만화를 만든 작가 크리스 카슈타노바는 '미드저니'의 입력란에 자신의 작품 줄거리를 써서 생성된 이미지를 가지고 만화책을 냈어요. 만화 그림의 대부분이 AI 생성 이미지인데, 이 만화책도 저작권이 있는 걸까요? 미국 사람들은 어떤 결론을 내렸을까요?

미국 저작권청에서는 AI 생성 이미지 자체는 "사람이 저작한 결과물이 아니기" 때문에 저작권을 보호할 저작물이 될 수 없지만, 작가가 원하는 이미지를 얻기 위해 쓴 글은 순수 창작물이며, 이미지를 선택하고 배치한 구성 또한 저작권 보호 대상이라는 결론을 내렸답니다.

국내에서도 대형 포털 사이트나 플랫폼에서 앞다투어 AI 프로그램 개발에 나서면서 저작권 침해 문제가 불거지고 있어요. AI를 활용한 웹툰이나 인터넷 소설로 논란이 일어나기도 했지요. AI를 창작용 도구로 인정해야 할지, 아니면 저작권 침해를 막기 위해 아예 사용하지 말아야 할지 논의가 계속되고 있답니다.

앞으로의 과제

AI 생성물에 대한 법적 규정은 아직 명확하게 나와 있지 않아요. 하지만 AI 생성물이라고 해도 앞에서 언급한 만화책 『Zarya of the Dawn』처럼 사람의 창작이 함께 들어가 있어서 저작권이 불분명한 경우가 많은 상황이므로 함부로 이용하는 것은 조심해야 해요.

AI가 저작권자로 인정받기 위해서는 사람과 같은 권리를 가져야 하는데, 이는 쉬운 일이 아니에요. 권리에는 책임이 따르기 때문이에요. AI는 사람처럼 직접 창작 활동을 수행하고 있지만, 책임을 질 수 있는 주체는 아니지요. AI는 학습 과정에서 실제 작가들의 예술 작품을 활용할 수 있는데, 이렇게 해서 결과물을 생성하면 누군가의 저작권을 침해한 셈이 될 수 있어요. 이에 대한 책임을 누구에게 물어야 하는가도 앞으로 해결해야 할 문제랍니다.

1 다음 중에서 저작자에 속하지 않는 사람은?

1) 동화를 쓴 작가

2) 유튜브 콘텐츠를 만든 초등학생

3) 웹툰 작가

4) 인터넷에서 본 글을 복사해서 자신의 SNS에 올린 사람

2 지식재산권에 속하지 않는 것은?

1) 저작권

2) 디자인권

3) 표절권

4) 특허권

3 저작인접권은 무엇일까요?

1) 저작권 회사 근처에 사는 사람에게 주는 권리

2) 직접 창작하지는 않았지만 저작권을 알리는 데 힘을 보탠 사람에게 주는 권리

3) 창작할 때 곁에 있어 준 사람에게 감사를 표하며 주는 권리

4) 저작권자와 친구인 사람에게 주는 권리

4 저작권을 보호하고 인정해 주는 이유는 무엇일까요?

1) 저작자의 창조 작업에 대한 예의와 문화 발전을 위한 배려

2) 저작자가 저작권을 달라는 항의 때문

3) 저작자는 왕이므로

4) 권리는 모두 보호해 주는 것이 마땅해서

5 다음 중 음반의 저작권자 표시는?

1) ⓒ 김기태

2) ⓟ 김기태

3) Ⓧ 김기태

4) ◎ 김기태

6 다음 중 저작권이 있는 저작물이 아닌 것은?

1) 인간의 사상이나 감정을 표현한 것

2) 초등학생이 그린 그림

3) 농부가 책으로 출간한 농사 일기

4) 소설가의 머릿속에 있는 생각과 구상

7 저작권이 생긴 것과 관계없는 것은?

1) 인쇄술의 발달

2) 구텐베르크

3) 앤 여왕법

4) 해적

8 세계 책과 저작권의 날은 매년 언제일까요?

(   )월 (   )일

9 저작재산권은 몇 년 동안 보호될까요?

1) 저작자가 죽은 후 70년 동안만

2) 저작자가 살아 있는 동안만

3) 저작자가 살아 있는 동안과 죽은 후 70년 동안만

4) 영원히

10 저작권을 침해하면 어떤 벌을 받을까요?

1) 저작권자를 찾아가 사과 사 주기
2) 민사상 손해 배상 책임이나 징역형, 벌금형과 같은 형사 처벌
3) 인터넷에 저작권 침해 사실 공지
4) 정학 처분

11 다음 중 저작권 침해가 아닌 것은?

1) 학교 숙제를 하려고 인터넷 자료를 그대로 베껴서 제출한 일
2) 출처가 밝혀지지 않은 인터넷 글이나 사진을 홈페이지에 올리는 일
3) 게임 파일을 복제해서 친구들과 공유한 일
4) 내가 그린 그림을 인터넷 카페에 올리는 일

12 CCL이란 무엇일까요?

1) 사람들이 자유롭게 정보를 이용하도록 최소한의 통제권만 행사하는 것
2) 같은 학교에서 서로 정보를 나누는 일
3) 정보를 절대로 이용하지 못하도록 금지한 일
4) 저작권을 보호하지 말자는 모임

13 저작권법에서 저작물의 인용에 대해 밝히고 있는 내용이 아닌 것은?

1) 인용은 절대 불가능
2) 인용은 저작재산권 침해가 아님
3) 인용은 다른 저작물의 내용 중 한 부분을 참고로 끌어다 쓰는 것
4) 인용한 저작물의 출처 밝히기

14 퍼블리시티권과 관계없는 것은?

1) 초상권의 일종
2) 자기 모습이 허락 없이 촬영되어 이용되지 않도록 하는 권리
3) 재산권 측면을 포함하지 않음
4) 유명인들은 퍼블리시티권이 매우 강함

15 인터넷 사이트나 다른 사람의 SNS에 있는 사진을 사용하고 싶을 때 바람직한 자세가 아닌 것은?

1) 사진 게시자에게 메시지나 이메일을 보내 허락 받기
2) 게시자를 모를 경우 한국저작권위원회를 통해 법정 허락 받기
3) 사진의 일부만 캡처해서 사용
4) CCL 표시가 있을 경우, 표시대로 지키기

정답

1 4)	4 1)	7 4)	10 2)	13 1)
2 3)	5 2)	8 4쪽 23줄	11 4)	14 3)
3 2)	6 4)	9 3)	12 1)	15 3)

상수리 호기심 도서관 22

어린이 크리에이터를 위한 저작권 가이드

글 | 김기태
그림 | 이홍기

개정판 1쇄 발행 | 2025년 2월 24일

펴낸이 | 신난향
편집위원 | 박영배
펴낸곳 | (주)맥스교육(상수리)
출판등록 | 2011년 8월 17일(제2022-000038호)
주소 | 경기도 성남시 분당구 운중로 142, 903호(운중동, 판교메디칼타워)
전화 | 02-589-5133(대표 전화)   팩스 | 02-589-5088
블로그 | blog.naver.com/sangsuri_i
홈페이지 | www.maksmedia.co.kr

편집 | 김소연·주수련
마케팅 | 배정아
경영지원 | 박윤정

ISBN 979-11-5571-998-5 73360

상수리는 독자 여러분의 귀한 원고를 기다리고 있습니다.
투고 원고는 이메일 contactus@snptime.com으로 보내 주세요.

어린이제품안전특별법에 의한 제품 표시
제조자명 (주)맥스교육(상수리) ＼ **제조국** 대한민국 ＼ **제조년월** 2025년 2월 ＼ **사용연령** 만 7세 이상 어린이